외국 유학생이 겪는
한국에서의 문화충격

외국 유학생이 겪는
한국에서의 문화충격

초판1쇄 인쇄 2022년 1월 12일
초판1쇄 발행 2022년 1월 21일

옮 긴 이 서 정 수
펴 낸 이 신 일 희
펴 낸 곳 계명대학교출판부
출판등록 제347-1998-1호(1970. 9. 1)
주 소 대구광역시 달서구 달구벌대로 1095
대표전화 053-580-6233
팩 스 053-580-6235
홈페이지 www.kmupress.com

ISBN 979-11-6516-123-1 03300 정가 3,000원

외국 유학생이 겪는 한국에서의 문화충격

서 정 수 옮김

계명대학교 출판부

이 책을 내면서

한 국가의 문화는 그 문화에 속한 사람이 오랜 시간과 세대에 걸쳐 학습되고 그래서 그들의 몸에 배어 있다. 따라서 일상적으로 한 문화권에 사람들은 본인들의 가치체계, 규범 및 행동 양식에 대한 면을 고찰할 기회가 상대적으로 적다고 할 수 있다. 그러나 특정 문화에 속한 사람이 자신의 문화권을 벗어나 다른 문화, 즉 이(異) 문화를 접하게 되면 곧바로 자신이 속해 있던 문화와 현지 문화의 차이점을 발견하고 느끼게 된다. 때로는 놀라움으로, 때로는 부정적인 느낌과 시각으로 그 차이점이 다가온다.

사실 이 책을 처음 집필하였을 때의 의도는 어떤 대의적인 목적보다 우리의 몸과 의식, 행동 양식, 그리고 생활 형태에 체화되어 발현

되는 우리나라, 즉 한국의 문화를 다른 나라 사람들이 어떤 관점으로 바라보는지에 대한 궁금함을 풀어 보고자 하는 작은 소망과 바람이었다. 특히, 우리가 행동으로, 사고방식으로 혹은 규범과 가치 체계로 무장하고 있는 한국 문화의 특이한 점은 무엇이고 또 나아가 개방화된 국제사회의 구성원으로서 한국 문화의 장단점을 관찰할 기회와 또 필요하면 개선할 방안에 대해 깊이 사려해 볼 수 있는 기회가 필요하다고 판단되었다. 이런 기회는 우리가 아닌 이방인 특히 다른 나라에서 온 사람이 보고, 경험하고 이를 표출할 때 주어진다는 판단이 섰다. 중이 제 머리 스스로 못 깎기 때문이다.

우리가 우리의 문화에 젖어 너무나 당연시하게 여기는 것이 다른 나라 사람들에게 그 특정한 문화적인 측면이 어떻게 보이고 느껴지는지를 이해한다면, 우리 문화가 글로벌화된 세계 속에서 단순히 한국 사람이라는 민족주의적인 그래서 다소 협소한 의미의 문화에서 벗어나 한 단계 더 성숙 발전할 수 있다고 생각한다. '남의 눈에 있는 티는 보면서 나의 눈에 들어 있는 들보를 보지 못한다'는 말이 시사하는 바와 같이 이와 관련된 오류를 범하지 않을 수 있다면 범하지 않는 것이 바람직하다.

이 책은 이와 같은 오류를 범하지 않도록 하는 실마리를 제공해 줄 수 있다고 생각된다. 그래서 외국에서 들어와 한국에서 학습하고 생활하는 유학생(정규 과정 및 비정규 교육과정에 등록한 외국 유학생을 모두 포함)들이 바라보는 한국 문화와 비교적 짧은 시간이지만 그 기간 느끼고 경험한 문화 충격은 우리 문화를 한 단계 더 성숙시키기 위한 문제 풀이의 한 열쇠를 제공할 수 있을 것이라는 믿음 속에 때로는 재미있게, 때로는 그들이 표현한 '충격'이라는 부정적인 의미가 내포될 수 있음에도 다소 무리하여 이 책을 집필하였고 또 번역해서 더 많은 사람, 특히 우리나라 사람들이 읽을 수 있도록 하였다. 이런 기회를 통해 우리 자신을 나아가 우리 문화를 다시 한번 성찰할 기회를 제공할 것이라고 믿어 의심치 않는다.

아마 공저자인 차흐리 에르뎀(Cagri Erdem) 교수와 박주희(Julia Choo Hui Park) 교수도 나와 비슷한 공감대를 형성할 것이라고 믿어 의심치 않는다. 또한 한국 사람이 해외로 나아갔을 때에도 이와 반대로 외국인들이 자신의 문화에 대해 생각해 볼 수 있게 하는 유익한 교재 혹은 지침서가 되기를 기원해 본다.

특별히 이 책은 Erdem, C., Park, C.H., & Seo, J.S.가 2021년 출판한 『Cross Cultural Encounters of Culture Shock: International Students' Experiences in South Korea』(Keimyung University Press) 중에서 서언과 제2장, 제8장, 제9장, 제10장, 제11장과 제13장 총 일곱 개의 장만을 발췌한 후 번역을 진행하였고, 이를 계명대학교에서 매년 신입생들을 상대로 진행하는 "글로벌시티즌십" 교육 방향에 맞추어 부교재로 활용할 수 있도록 "외국 유학생이 겪는 한국에서의 문화 충격"이란 제목으로 특별히 제작하였음을 모두에 먼저 밝혀 둔다.

2022년 1월

옮긴이 서 정 수 씀

서언

21세기 통신과 교통수단 기술 발전에 힘입어 가속화된 글로벌화는 사람들의 국가 간 이동성을 증가시키는 결과를 초래하였다. 사람들의 이동성이 증가한 이면에는 자유화, 경제 통합 및 전 세계적인 정치 동조화 등이 진행되었다는 사실이 놓여 있다. 유학생은 사람들의 이동성이 증가한 대표적인 징후 중의 하나에 해당한다. 유네스코(UNESCO)에 따를 때 전 세계적으로 약 5백57만 명의 유학생이 있고 미국, 영국, 호주 및 독일을 포함한 상위 10개국이 전 세계 유학생 시장에서 63%에 달하는 점유율을 가지고 있다.

한국은 국제 유학생 시장에 급격히 등장한 국가 중의 하나이다. 2018년 유네스코 통계에 따를 때 한국에는 약 9만 명이 조금 못 미치는 유학생이 있고 이는 전 세계 시장 점유율 1.7%에 해당한다. 이 유학생 숫자는 한국의 대학과 전문대학에서 학부와 대학원 등의 정규 학위 과정에 등록한 유학생만을 포함한 것이다. 만약, 어학 연수생 및 교환학생 등 비정규 학위 과정에 등록한 유학생을 포함한다면 그 숫자는 당연히 증가할 것이다. 한국의 교육통계서비스(Korea Education Statistics Service) 자료에 근거할 때, 2020년 정규 학위 과정과 비정규 과정에 등록한 학생을 포함할 경우 15만 3천695명의 유학생이 있다. 유학생들은 한국 경제에 커다란 기여를 하고 있다. 한 연구에 따르면 2014년 한국에는 정규 학위 과정과 비정규 과정에 총 8만 4천891명의 유학생이 있고 이들은 한국 경제에 직접적으로 7천125억 원에 달하는 기여를 하였다(Ha, et al. 2015). 또한 유학생들은 단순히 이와 같은 경제적인 수치가 전하는 것보다 더 중요한 기여를 정부 수입, 일자리 창출, 지역 노동시장의 보완 등을 통해서 하고 있다. 또한 경제적인 기여와 더불어 유학생들은 국내 학생, 대학과 기관, 사회와 나아가 학습의 내용과 학습 과정 등과 같은 분야에서도 다양한 기여를 하고 있다. 예를 들면, 유학생으로 인해 한국의 대학과 전문대학에서 다양성과 이질성이 도입됨으로써 학습에 더욱더 유익한 환경이 조성되고 있다는 것이다.

글로벌 이동성을 가진 많은 다른 부류의 사람과 마찬가지로 유학생들 역시 새로운 문화적인 환경에서 흔히 문화 충격으로 알려진 혼란, 불편함 및 스트레스를 겪고 있다. 이와 같은 문화 충격은 본인이 속했던 본국의 문화와 학생들이 체류하는 현지국가의 문화 차이에서 비롯된다. 각각의 문화는 사람들의 행동, 사고방식, 의사소통 방법, 가치체계, 행동 규범과 더불어 심지어는 색깔에 부여된 의미와 선호도와 관련한 상이한 기준과 가치와 더불어 특정한 기대치가 각기 상이하다(Madden, et al. 2000). 이러한 기대치는 장기간에 걸쳐 지리적으로 구별된 지역에서 형성된다. 즉, 문화는 본질적으로 특정한 지역성을 가지고 있고 장기적으로 보면 상대적으로 안정적이다. 그러나 새로운 문화 환경에서는 본국에서 당연시 받아들여졌던 것들이 더는 적용되지 않아 그들은 문화 충격을 경험하게 되는 것이다.

유학생들은 문화 간 이동에 자발적으로 참여하기 때문에 체류국에 대한 필요한 정보를 탐색하고 또 체류국 문화에 대해 개방적이다. 그런 의미에서 유학생들은 다른 부류의 사람들에 비해 상이한 문화 환경으로의 이동에 대해 더 잘 준비된 부류라고 할 수 있다. 그런데도 유학생들도 종종 문화적인 충격을 경험하게 되는데 그 이유는 본국의 문화와 체류국의 문화적 차이를 인지하게 될 때이다. 문화적 차이를 경험하게 될 때 본국에서 체득된 인지능력들을 즉시에 동원하고 사용하게 되는데 이때 유학생들은 혼란과 불편함, 스트레스를 겪게 되며 때로는 방향감각을 상실하게 된다. 이뿐만 아니라 초기에 경험하게 되는 문화 충격은 '충격'이라는 말이 내포하는 것처럼 부정적인 의미로 쓰이게 된다는 것도 인지할 필요가 있다. 유학생들이 가지는 문화 충격은 비교적 짧은 시간에 잦

아들게 되는데 그 이유는 문화 충격 자체가 일반적으로 체류하는 시간에 반비례하는 함수일 뿐만 아니라 유학생들은 배움의 과정에 있으며 상대적으로 개방적이기 때문이다.

이 책은 한국에 학업을 위해 온 유학생들이 경험한 문화 충격을 모아서 집필한 것이다. 이 책은 유학생이 한국 문화를 경험하면서 겪게 된 문화 충격에 관한 짧은 에세이를 수강하는 강좌의 과제로 제출하도록 하면서 이루어졌다. 유학생이 경험한 이런 부류의 직접적인 문화 충격의 경험은 공유하는 것이 마땅하다고 판단할 정도로 많은 정보를 제공하였다. 유학생들의 통찰력을 공유할 수 있는 것에 진심으로 감사를 표하며 이름은 익명으로 처리하였지만 불가피하게 국적과 성별은 그대로임을 밝혀둔다.

나를 비롯한 계명대학교 Keimyung Adams College 소속의 두 명의 저자, 차흐리 에르뎀(Cagri Erdem) 교수와 박주희(Julia Choo Hui Park) 교수는 모두 계명대학교에서 교육하고 있지만, 우리 모두 학생으로서 재외 동포로서 문화적인 충격을 경험했던 사람들이다. 그런 맥락에서 본다면 이들 유학생이 한국에서 겪었던 경험은 우리의 경험에 대한 반향이라고 할 수 있다.

이 책에서 경험을 공유하는 유학생의 수는 한국 전체 유학생 수의 작은 표본에 불과하지만 이런 경험은 그들이 살면서 직접 겪은 것이기 때문에 그 자체로서 교육과 더 나은 개인의 발전을 위해 한국에 왔던 이들의 삶에 대한 통찰력을 가질 수 있게 된다. 그렇기 때문에 저자는 이 책을 읽는 독자가 두 개의 다른 문화가 서로 만나는 경우 때로는 갈등을 야기하지만 많은 경우에서는 상호 존중과 이해를 도모하게 된다는 것을 알게 되기를 기대해 본다.

2021년 2월

계명대학교 성서캠퍼스에서

서 정 수

차례

Chapter 1

GLOBALIZATION, CULTURE AND CULTURE SHOCK

제1장

글로벌화, 문화 및 문화 충격

제1장

글로벌화,
문화 및 문화 충격

문화, 글로벌화 및 고등교육의 매개 변수 결정

21세기 들어 급격한 인구 구성의 변화 및 경제, 사회 및 정치적인 변화를 겪게 되었는데 이런 변화들은 이민자의 전 세계적인 증가, 난민과 실향민의 증가, 관광 및 교육 국제화 증가, 및 노동력의 글로벌화를 포함한다. 이처럼 점진적으로 글로벌화된 이 세계에는 수백만의 유학생, 관광객, 체류자, 재외 동포, 이민자와 실제로 난민들이 포함되어 있다.

따라서 이들 개인이 겪게 되는 문화 충격에 대해 조금 더 자세히 조사해 보는 것은 바람직하다고 할 수 있다. 이 책은 익숙하지 않은 문화 환경에 노출된 경우에 발생하는 결과를 묘사하고 이를 설명하는 것을 목적으로 하고 있으며 나아가 한국 내에서 이루어진 문화 간 접촉의 영향을 설명하고자 한다.

역사적 관점

유학생은 아마도 문화 접촉과 관련된 문헌 측면에서 보면 가장 많이 연구된 부류라고 할 수 있다. 역사적 관점에서 보았을 때 다양한 고대 문명의 요람에서 보인 바와 같이 유학생의 이동성은 기원전에 나타났다고 주장하는 것이 타당하다.

예를 들면, 정교한 고문헌에 따를 때 유학생 접촉은 기원전 2세기에서 기원전 5세기에 이루어진 것으로 추적해 볼 수 있다. 기원전 5세기 그리스에서 수사학, 철학과 성공적인 삶의 스승이라고 할 수 있는 소피스트들은 학생을 동반하여 주로 소아시아와 이집트와 같은 먼 지역에서 아테네에 도착하였다(Bevis & Lucas, 2007).

한편, 초기 성경의 문헌에는 기원전 272~232년 인도 마우리아 왕조 아소카 대왕 재위 시절에 고대 탁실라대학(the University of ancient Taxila)의 설립과 더불어 학자와 문화 간 교육에 관한 설명이 제시되어 있다.

그 이후 천년의 기간 이집트, 그리스, 페르시아, 중국 및 일본 등 다양한 문명의 중심지에 국제학자들의 집합소가 등장하기 시작하였다. 중세 말기 무렵까지 볼로냐와 파리(11세기 후반), 몽펠리에(1220년), 세리빌, 로마 등 서부 유럽의 대학들이 번성하여 유럽 전역으로부터 학생들이 모여들었다. 16세기 종교개혁과 연이은 반종교개혁으로 인해 영국, 프랑스, 독일 및 러시아 등지에서 국제 교육이 지속해서 증가하였다. 19세기에는 국제 교육에 대한 매력이 더욱더 커졌으며 미국에 있는 기관들의 참여와 더불어 더한층 증가하였다.

유학생: 문화 간 학습을 위한 기회

최근 들어, 세계의 많은 국가에서 유학생이 사립대학과 공립대학의 교육 부문 재정에서 차지하는 중요성이 증가하였다. 유학생을 유치하는 것은 체류국의 인구 구성의 변화를 보상하기도 하며 많은 유학생이 지불하는 등록금은 대학의 예산에서 중요한 부분을 차지한다.

유학생들의 등록과 이에 따른 수입은 한국의 많은 공립 및 사립대학에 필요한 생명 줄을 제공한다. 고등교육 분야의 국제화는 한국이 세계의 많은 사람들에게 접근할 수 있는 중요한 역할을 수행하기도 한다.

한국교육통계서비스(KESS)에 따를 때 2020년 한국에는 15만

3천695명의 유학생이 있는데 이는 2019년의 16만 155명보다 약 4% 정도 감소한 수치이다. 이런 유학생 규모는 한국 전체 전문대학과 대학에 재학 중인 학생의 5%에 조금 못 미치는 수준이다. 2014~2019 기간 동안 연평균 성장률 14%를 기록한 이후 2020년 유학생 수가 감소한 주요 이유는 COVID-19 팬데믹과 밀접하게 관련되어 있다. 그러나 재미있는 현상은 유학생의 감소 대부분은 전년 대비 27.8% 감소한 어학 연수생과 무려 49.3% 하락한 교환학생과 같은 단기 프로그램이 차지하고 있다. 그와 달리, 정규 학사 학위 및 대학원 과정에 등록한 학생은 전체 유학생의 73%를 차지하고 있는 2020년 오히려 13% 정도 증가하였다.

한국에 유학생이 존재한다는 것은 몇몇 측면에서 중요한 의미를 가진다고 할 수 있다. 먼저, 유학생들이 내는 등록금과 모든 비용, 식비와 의류 구매비, 교통비와 다른 생활비를 포함하여 유학생들이 경제에 기여하는 정도는 매우 크다. 또한 중요한 것은 이들 유학생이 한국 대학의 강의실에 불어넣는 국제적인 관점인데 이런 국제적인 시각은 한국 학부 학생들이 국제사회 진출을 위한 경력개발에 도움이 될 뿐만 아니라 장기적으로는 비즈니스 관계를 형성하고 경제적인 이익을 창출하는 데 유용하다. 유학생들은 또한 학습 환경을 개선하는 데 도움을 주요 한국 학생들이 국제적으로 필요한 적절한 기술을 습득하고 개발하는 데도 기여한다.

한국 내에서의 기여와 더불어 유학생들은 전 세계적으로 한국의 소프트파워를 확산시키는 데 있어서 중요한 대리인의 역할을 수행한다. 본국으로 돌아가는 각각의 유학생은 비공식적인 한국의 친선대사로서의 역할을 수행할 뿐만 아니라 한국의 소프트파워를 제고하는 데 기여한다. 국제무대에서 음식, 패션, 드라마, 음악을 포함한 문화는 다른 나라와 사람들에게 그 나라의 매력과 영향력을 증가시키는 소프트파워를 형성하는 데 중요한 요소들이다(Skrbic, 2019).

COVID-19 팬데믹으로 인한 위축된 유학생들의 이동성이 회복하는 데는 몇 년이 걸릴 수도 있지만, 한국을 유학생들이 선호하는 목적지로 선택하도록 하는 영향력을 높이기 위해서는 다른 나라와 유학생 유치를 위한 경쟁 이상의 노력이 필요하다. 한국의 고등교육이 더욱더 유학생들에게 매력적으로 되도록 하기 위해서 한국의 정부와 대학들은 장기적인 관점에서 바라보아야 하며 문화 간 학습과 학술적인 협력에 중점을 두어야 할 것이다. 그런 맥락에서 이 책은 유학생의 관점에서 한국을 바라보는 판도라의 상자를 해독하도록 하는 중요한 매개체 역할을 수행할 수 있을 것이다.

유학생들의 글로벌 이동성

전 세계 대부분의 국가가 과학과 기술 분야에서 급속한 발전을 위해서 지식과 전문기술의 발전을 위한 국제적인 경쟁체제에 돌입해 있다(Chen & Zhu, 2020). 고등교육은 가치 및 지식 생산과 재능을 강화하는 핵심적인 분야로 간주하고 있으며 한 나라의 국제경쟁력을 나타내는 중요한 지표이다(Altbach, 2015). 다수의 고등교육 기관들이 문화 간 교류와 협력이 학문적인 연구의 질을 개선하는 데 결정적인 역할을 수행한다고 할 수는 없다. 이런 사실은 학문적인 성취가 국제적인 영향력을 확대하도록 추구하면서 학문적인 혁신을 추구하도록 촉진한다(Chen & Zhu, 2020).

유학생, 연구자, 학술적인 프로젝트와 기관은 고등교육 국제화의 주요 수행자들이라고 할 수 있다. 거의 모든 국가에서 국내의 고등교육 기관들이 탁월한 인력을 유치하면서도 해외로 확장할 수 있도록 하는 정책이 마련되었다. 고등교육의 전반적인 생태계는 국제적인 소통과 협력을 통해 더욱더 다양화된 모형으로 점진적으로 변화하고 있다. 이런 패러다임의 변화 속에서 대학들은 점진적으로 문화 간 교류와 통합을 위한 비옥한 기반 역할을 수행하고 있다(Chen & Zhu, 2020)

전 세계적으로 국가들은 자국에 속한 연구 중심 대학들의 국제적인 발전과 높은 글로벌 순위를 차지하는 것을 글로벌 경쟁에서의 강점으로 간주하고 있다. 이런 현상은 향후 고등교육의 발전의 중요한 방향이 될 것이 확실하다(Altbach, 2004). 이에 따라 한국도 고등교육 기관의 국제화 촉진을 위한 혼신의 노력을 경주하고 있으며 거의 한국의 모든 대학에서 국제화는 대학 발전 전략의 중요한 일부분으로 자리 잡고 있다. 이와 같은 전략이 대부분 국가 혹은 지역의 특수성에 국한되어 있기는 하지만 국제적인 교류와 유학생 유치 과정에 반영되어 나타나고 있다. 게다가 국제적인 협력 시나리오, 문화 간 교육, 및 국제적인 학술 연구를 위한 이동은 이런 방향으로의 추가적인 발전을 예시하고 있다. 대학 수준에서의 고등교육의 국제화는 몇 가지 중요한 요소와 연계되어 있는데 교육의 질적 제고, 교수와 학생의 발전, 대학의 재정 수입 확대, 네트워킹과 대학 간 중요한 파트너십 및 지식 창조가 그에 해당한다(Chen & Zhu, 2020).

글로벌화 및 다문화주의의 문화에 대한 영향

글로벌화는 문화 간 접촉을 가져오는 데 중요한 역할을 하였다. 그 결과로 문화 관련 연구는 20세기 후반 이후부터 중요한 자리를 차지하게 되었다.

글로벌화를 단순히 단일 측면의 현상으로만 간주하는 것은 부적절하다고 할 수 있다. 글로벌화는 다양한 측면을 내포하고 있는 과정이라고 할 수 있으며 여기에는 각기 다른 활동과 상호작용이 내포되어 있다. 문화는 글로벌화 과정을 필수 불가결한 측면을 나타내고 있다. 따라서 문화의 측면에 대한 세심한 관찰은 글로벌화에 대한 어떤 분석적인 설명을 위해서도 필요한 부분이라고 할 수 있다(Held, McGrew & Goldblatt, 1999).

글로벌화와 관련된 현재의 논의와 관련하여 대표적인 학자들은 문화가 결정적인 자리를 차지하고 있다는 주장을 견지하고 있다. 예를 들면 톰린슨(Tomlinson, 1999)은 글로벌화와 현대 문화와의 밀접한 관계에 대해 집중하면서 문화적인 실태야말로 글로벌화의 핵심이라고 주장한다. 다문화주의와 글로벌화에 대한 본질적인 질문은 글로벌화가 사람들을 더욱더 유사하게 만드는지 혹은 상이하게 만드는지의 여부를 하는 파악하는 것이라고 할 수 있다.

현재의 문화적인 변동성은 문화의 글로벌화를 비잔틴 문화의 상호 연결성과 현재의 사회생활을 특징짓는 상호의존성이 급격하게 팽창하고 있는 네트워크라고 묘사할 수 있다. 세계적인 미디어 기구들은 독특한 의사소통 기술을 활용하여 문화 간 이동에 영향을 주었으며 그들이 목적한 사회에 문화적 정체성을 형성하도록 하였다는 것은 의심의 여지가 없다.

아이디어는 아주 쉽게 한 지역에서 다른 지역으로 전파될 수 있어서 이는 사람들이 문화를 보는 방식에 변화를 초래하고 있다. 문화는 더는 지역적인 맥락에만 국한되지 않고 글로벌화된 맥락에서 독특한 의미로 쓰이게 되었다. 문화의 글로벌화에 의해 야기된 상호 연결성은 굳건하게 형성된 지역의 가치관과 규범에 새로운 도전을 야기하고 있는데 그 이유는 문화와 지역 특성이라는 그 고리에 위협을 가하고 있기 때문이라고 할 수 있다.

일부 학자는 이러한 과정은 서양의 가치 체계가 지배하는 글로벌 문화의 동질성을 도모하고 있다고 주장한다. 예를 들면 미국의 가치관, 소비자중심주의와 생활양식이 세계적으로 확산하는 것을 '미국화(Americanization)'라고 언급하면서 상대적으로 취약한 문화가 '문화 제국주의(Cultural Imperialism)'에 어떻게 압도되고 있는지를 분석한다. 그러나 그와 같은 신식민지주의적인 경향은 전 세계적으로 다양한 양상을 가진 문화적이고 정치적인 반감을 야기하였다. 예를 들면 지하드(jihad)는 문화적 특수성의 어두운 한 면을 나타내며 서양적인 동질화를 부정하려는 편협한 충동이라고 표현한다. 이런 종류의 공방은 새뮤얼 헌팅턴(Samuel Huntington)이 주장한 근본적으로 서양과 이슬람을 포함한 '문명의 충돌(a clash of civilization)'이라는 주장을 다시 점화시키는 역할을 하였다(Huntington, 1997). 게다가 최근의 발생하고 있는 북반구에 있는 소위 서양 국가들에서 생겨나고 있는 포퓰리즘, 민족주의와 보호주의는 서양 국가와 나머지 국가가 어떤 형태의 단일 문화를 추구하고자 하는 경향에 반대하는 문화적인 충돌의 중심에서 변증법적인 관점으로 상호 연결되어 있고 이는 다시 반-동질화 과정을 잉태해 낸다고 할 수 있다(Barber, 1996).

몇 명의 저명한 학자들은 글로벌화가 새로운 문화 다양성을 형성하는 고리에 대한 다른 관점에서의 평가를 제시하고 있다(Appadurai, 1996; Hannerz, 1996). 베르거와 헌팅턴(Berger & Huntington, 2002)은 이 문제의 복수성에 대한 예외적으로 비전통적인 형태의 주장을 하고 있는데 문화의 글로벌화는 본질적으로 내용과 기원이 미국식이라는 점을 강조하고 있다. 그런데도 이들의 주장은 전 세계에 걸친 미국식 문화가 지배적이라는 주제하에 변화와 준글로벌화가 가능함을 보여주고 있다. 롤란드 로버트슨(Roland Robertson, 1995)은 전 세계적인 문화 이동은 일반적으로 지역 문화를 재활성화한다고 주장하였다. 문화 글로벌화는 일관성을 가지고 지역적인 맥락과 밀접하게 연관되어 있다고 주장하면서 로버트슨(Robertson)은 전 세계적인 힘에 대응하여 지역별로 다양한 문화적 대응이 발생할 것이라는 세계의 복수화를 예측하였다. 이는 문화적 동질화를 확장하는 것이 아니라 그와 반대로 글로벌화와 지역화가 문화적인 수용을 통해 다양한 형태로 상호작용하면서 글로컬라이제이션(glocalization), 즉 세방화를 탄생시키는 결과를 낳았다. 이와 같은 상호 대응은 문화의 동질화와 이질화가 동시에 혼재하는 복잡한 상태를 촉진하였다(Robertson, 1995).

전 세계적인 문화의 이동은 인간의 인지와 의식에 부정적이면서도 긍정적이라고 할 수 있는 근본적인 변화를 야기하였다. 예를 들면, 아파두라이(Appadurai, 1996)는 'landscape'[1]라고 하는 전 세계 문화 이동을 구성하는 다섯 개의 개념을 제시하였다:

- 인간 이동(ethnoscapes): 관광객, 이민자, 난민과 망명자와 같은 인구의 이동
- 기술 이동(technoscapes): 다국적 기업의 발생과 성장을 촉진하는 기술 개발
- 금융 이동(finanscapes): 글로벌 금융의 이동
- 미디어 이동(medicascapes): 지식의 창출과 파급을 가능하게 하는 전자적 잠재력
- 생각 이동(ideoscapes): 정부와 사회 변화와 관련된 생각

이와 같은 모든 '이동(scapes)'은 전 세계에 확산하여 있는 사람과 집단이 가진 역사적 맥락에서의 상상력이 누적된 '상상의 세계(imagined world)'를 만들어 내는 토대를 구성하고 있다. 문화적 다양성이라는 글로벌 네트워크라는 매개변수 범위 내에서 개인들은 사

1 Landscape를 흐름(flows) 혹은 이동(movements)이라고 이해하는 편이 더 나을 듯하다.

람들이 가진 관계의 밀도를 점진적으로 의식하게 된다. 독특한 문화 표출을 검출해 내고 나아가 이를 내포하는 개인의 증폭된 역량은 특정한 주거지가 없다는 생각을 가지게 만드는 불편함을 동시에 수반하고 있다.

문화 정의

현시점에서 사회과학자는 현대화 정도, 불균등한 경제 발전, 정치적 민주화, 군사 전략, 민족집단의 행동, 국가 간 조율과 적대감과 관련된 역설을 설명하기 위하여 문화 결정 요인에 관심을 표명하기 시작하였다. 이는 문화는 다소 당혹스러운 언어라고 말하는 것이다. 문화의 정의와 관련하여서는 무수히 많다고 할 수 있는데 학문과 맥락에 따라서 다른 의미가 있다고 할 수 있다. 그러나 사모바르와 포터(Samovar & Porter, 2003, P. 8)는 다음과 같은 정의를 내리고 있다:

> "… 문화는 개인과 집단의 발전과정에서 집단에 속한 사람들이 획득한 지식, 경험, 믿음, 가치관, 태도, 의미, 사회적 위계질서, 종교, 시간, 역할, 공간적 관계성에 대한 개념, 우주에 대한 개념, 물질적인 대상과 소유의 누적."

그래서 문화는 복잡하고 정교한 시스템으로서 집단과 사회의 생활 방식을 규정하는 의미와 행동이라고 할 수 있다. 그러므로 활용하고자 하는 어떤 문화라는 정의도 본질적인 요소로서 다른 문화와 구별하게 만드는 한 문화의 고유성을 만들어 내는 가치 체계에 기초를 두고 있어야 한다. 가치 체계는 행동 규범, 신념, 미적 기준, 사고방식, 의사소통 방식 등을 포함하는데 이는 한 집단에 속한 사람들이 지속해서 변화하고 도전적인 환경에 적응할 수 있도록 장기간에 걸쳐 발전시켜 온 것이라고 할 수 있다.

문화 관련 문헌들은 다양한 종류의 중요한 개념적인 분류를 제공하고 있다. 클룩혼(Kluckhohn, 1952)은 경험적으로 증명이 가능한 틀을 설명하고 있는 이 틀 위에서 문화는 음식, 성, 체온 유지 등 인간의 기본적인 생리학적 욕구처럼 인간이 처한 환경과 관련된 본질적인 질문에 대한 독특한 답변 위에서 의미를 가지고 정렬될 수 있다고 주장하였다. 홀(Hall, 1976)은 문화를 의사소통의 방식에 따라 상위 맥락과 하위 맥락으로 구분하였다. 홉스테드(Hofstede, 2001)는 한 나라의 문화를 5개의 독립된 차원(dimension)으로 구분하였는데 권력 격차(power distance), 불확실성 회피(uncertainty avoidance), 개인주의와 집단주의(individualism vs. collectivism), 남성성과 여성성(masculinity vs. femininity) 및 장기와 단기 지향성(long-term vs. short-term orientation)이 해당한다.

문화는 몇 가지의 공통적인 특징을 내포하고 있다(Samovar & Porter, 2003). 예를 들어 보면, 문화는 타고나는 것이 아니라 학습된다는 것이다. 생에의 이른 시기에 개인은 가족으로부터, 친구와 선생으로부터 자신이 속한 문화에 관련된 의미를 전달받게 된다. 사람들은 일생에 걸쳐 사고방식, 감정 및 행동 반응 방식을 습득하지만, 이런 학습의 대부분은 그런 외부적 충동을 가장 수용하기 쉬운 유아기와 아동 시절에 습득하게 된다.

문화가 생존하고 지속하기 위해서는 세대 간 전이가 이루어져야 한다. 문화의 독특한 특징은 기호와 밀접히 연계되어 있다는 것이다. 한 사회가 기호를 만들어 내는 능력은 우리가 문화를 학습하고 그 문화가 개인과 개인 간, 집단과 집단 간, 나아가 세대와 세대 간 전달을 가능하게 한다. 언어를 통해, 비언어적인 소통 방식을 통해 혹은 이미지와 아이콘 등을 통해 누적되고 공유된 경험을 배우는 것이 가능하다(Smith, 1986). 문화의 또 다른 중요한 측면은 변화라는 현상이다. 문화는 동적인 체계이기 때문에 공허한 형태로 존재하는 것은 아니므로 변화를 겪게 된다. 모든 문화는 장시간에 걸쳐 변화하지만, 그 문화의 핵심적인 면모와 특징은 대체로 그대로 유지된다. 국가 문화는 문화를 지배하고 있는 가치 체계로 대표되는 제도에 의해 문화 형태가 다시 강화되기 때문에 오랜 기간 상당히 안정적으로 유지된다(Hofstede, 2001). 이에 따라, 변화는 기술 발전, 지정학적 변화 혹은 글로벌화와 같은 요인에 의해 외부에서 유입된다. 문화의 마지막 측면은 자연적으로 민족주의 성향을 내포하고 있다는 것인데 이는 한 문화에 속한 사람은 다른 문화 집단에 속한 사람을 통해 해석하고 판단하는 관념적인 프리즘의 역할을 수행한다는 의미이다.

나아가 문화를 두 개의 다른 영역으로 분리하는 것도 또 다른 유익한 방법이라고 할 수 있다. 암묵적 문화는 규범과 가치를 만들어 낸다는 특징이 있고, 이에 반해 명시적 문화는 언어, 음식, 의복, 문학, 건축, 보편적 감정, 직업윤리, 소음, 신체적 접촉 등과 같이 실제로 관찰 가능한 것이 특징이다.

오버그(Oberg, 1960)는 문화의 드러나는 측면과 드러나지 않은 측면을 빙산에 비유하고 있다. 명시적으로 드러나는 문화인 전자는 상대적으로 쉽게 관찰이 가능하다. 반면 후자는 암묵적 문화로 수면 아래에 묻혀 있어 잘 드러나지 않는데 가정, 가치관, 권위에 대한 태도, 위험 감수, 시간 엄수, 의사소통 순서, 신분이 정해지는 방법과 사회에서 권력이 배분되는 방법 등을 포함하고 있다. 그 수준이 심오할수록 이 부분은 이해하기가 더 곤란해진다.

문화 충격

문화 간 이동에 관여하는 모든 개인은 어떤 형태로든지 도전을 받게 된다. 문화 간에 존재하는 규정, 의미, 가치, 언어와 비언어적 행동, 일을 수행하는 방식의 차이는 불가피한 것이다. 본국에서의 익숙한 환경과 체류국 환경의 차이로 인해 방문자는 효율적으로 업무를 수행하는 능력이 제한됨을 경험하게 된다. 본국에서 지배적인 행동양식이 새로운 환경에서는 작동하지 않는다. 예를 들면, 언어적 비언어적 신호를 인지하고 그 이면에 놓인 숨은 가정을 이해하는 것은 말할 수 없이 어려운 일이라는 것이다.

문화 간 이동을 경험하는 개인은 어느 정도의 관찰적 경계심을 겪는 것으로 알려져 있다. 많은 사람이 환경이 변화할 때 부적절함과 좌절감에 직면하게 되는데 일부는 변화에 받아들이지 못하고 기존의 방식을 그대로 고수하고자 노력하는 반면 다른 사람들은 '현지인처럼' 해 보고자 시도한다. 사람들이 문화 간 도전을 감내해 내는 정도는 그들이 처한 상황과 또 거처를 옮기게 되는 이유에 따라 매우 다르게 나타난다. 문화 간 이동을 겪게 되는 문화 충격의 정도가 상이한 이유는 개인이 다른 환경에 대해 느끼는 헌신의 정도와 상관관계를 가진다. 예를 들면, 난민의 경우에는 전형적인 비자발적 이주자이다. 따라서 대부분의 난민은 체류국에서의 생활에 적응할 준비를 전혀 하지 못한 부류이다. 이들은 정착 초기에 매우 심각한 심리적인 혼란과 박탈감을 경험하게 된다(David, 1969).

한 나라에 새로이 오게 되는 모든 부류의 사람은 그들의 정착 조건과 상관없이 그들이 본국에서 유지해 왔던 일상생활 방식을 변화시켜야 할 필요를 느끼게 된다. 만약 이러한 적응을 하지 못하는 사람들은 조급하게 본국으로 돌아가야 하거나 혹은 불안감과 감정적인 괴로움을 겪어야 한다. 그러나 대부분의 사람은 그들이 처한 새로운 환경과 본국 문화 사이에 존재하는 차이점에 적응하는 방법을 배우게 되고 그들이 직면한 환경에서 잠재적으로 문제가 될 수 있는 부분을 관리할 수 있게 되는데 이런 경우 문화 간 적응이 이루어진다 할 수 있다(Kim, 2001). 새로운 도전을 극복할 때마다 개인은 성장하고 발전하는 자아감을 고취하는 기회를 가지게 된다.

개개인은 다른 문화에 속한 사람과 의사소통 하는 법을 배우고자 할 때 충격 혹은 스트레스를 경험하게 된다. 개인의 안위가 위축된다는 느낌과 연루된 이런 부정적인 경험을1950년대 초반 문화인류학자 칼레보 오버그(Kalervo Oberg, 1954)는 문화 충격이라고 명하였으며 4단계 문화 적응 모형에 포함했다. 이 4단계는 개인이 문화 간 상호작용 가운데서 겪는 개인의 경험과 연관되어 있다. 문화충격은 이 중 2단계에서 발생하는데 적대감 및 정형화로 특징지을 수 있다.

문화 충격이라는 개념은 다른 요인과 같이 나란히 고려될 필요가 있는데 이 개념이 문화 간 적응이라는 개념이다. 이 개념은 개인이 문화적인 변화를 직면할 때 사용하고자 하는 메커니즘과 복잡하게 연계되어 있다. 문화 간 적응이라는 개념은 문화 충격, 동화, 적응, 문화 변용, 통합 및 극복에 해당하는 몇 개의 연속적인 단계를 포함하는 포괄적인 틀에 해당한다. 더욱더 분명한 것은 적절한 적응을 위해서는 민족 중심주의, 언어 장벽, 불균형, 체류 기간과 지식의 정도와 같은 몇 가지의 도전적인 요소들이 존재한다.

개인이 다양한 문화적인 실행과 습관에 직면하게 될 때 개인은 본인이 받아들인 문화적인 훈련과 자아에 대해 의문을 가지게 되며, 재평가할 뿐만 아니라, 문화적인 관계 속에서 적응하게 된다(Zapf, 1991). 문화적이고 개인적 자아의 균형을 유지하면서 새로운 인사법, 대응 방법 혹은 의사소통 방법 등을 배우는 것은 다른 문화에 속한 사람이 직면하는 커다란 적응과 관련된 도전의 일부에 해당한다. 이 같은 동적인 문화 간 적응 과정은 개인의 인종적 배경과 체류국 환경의 전반적인 조건에 의해 영향을 받는다(Kim, 2001).

다른 한편 문화 간 전이의 스트레스 모형에는 잠재적으로 긍정적인 측면도 존재한다. 감내해 낼 수 있는 정도의 스트레스는 학습과 성과 달성을 위해 필요한 동기를 부여한다. 그러나 학습 과정을 저해하고 개인이 방어적 자세를 취하게 만드는 과도한 수준의 스트레스는 피하는 것이 필요하다. 문화 충격은 감정적인 적응과 새로운 세계관에 직면함으로써 얻게 되는 잠재적으로 중요한 개인적인 차원에서의 이득이 수반되는 장기간의 재정비 과정에서 좌절감을 주는 부정적인 단계에 해당한다. 애들러(Adler, 1975)는 문화 전이 과정을 하나의 문화가 다른 문화를 직면하게 될 때 시작되며 자아가 직면하게 되는 상태로 발전하게 되는 깊은 경험에 해당한다고 특징지어 말하였다. 핵심은 파행을 야기하거나 소외감과 새로운 문화 속에서 상호작용하기를 주저하도록 만드는 고강도의 문화 충격이 가져다주는 부정적인 영향을 최소화하는 것이 필요하다(Zapf, 1991).

Chapter 2

POWER DISTANCE AND HIERARCHY: Seniority matters!

제2장

권력 격차와 한국의 위계질서: 연공서열이 중요하다!

제2장

권력 격차와 한국의 위계질서: 연공서열이 중요하다!

사람들은 특정한 문화 속에서 성장하면서 체득하는 신념, 태도 및 가치관에 의해 형성된다(Boyd & Richerson, 1991). 목소리에 대한 반응의 문화 간 차이가 문화 규범에 기인하는지의 여부를 이해한다는 것은 목소리의 합법성 여부와 관련하여 규범상으로 차이를 보이는 문화를 비교하는 노력이 필요하다(Brockner et al., 2000). 그 하나가 홉스테드가 말한 권력 격차이다(Hofstede, 1980). 여기서 권력 격차는, 공적 권력의 지위 차이가 일으키는 불평등을 사회 질서의 자연스러운 한 부분으로 여기는 것을 말한다(Brockner et al., 2000). 한국에서는 젊은 사람이 나이 든 사람을 이름으로 부르지 않고 노인에게 존경심을 보여주기 위해 존칭을 붙인 호칭을 사용한다. 나이가 많다는 것을 항상 존중받으며, 노인과 의사소통을 위한 상호작용을 할 때에는 다른 존칭과 태도를 보인다(Park & Kim, 1992).

한국 문화에서 나이와 같은 그 사람의 개인정보를 파악하는 것은 다른 사람과의 관계와 질서를 유지하기 위해 필요하다. 나이가 많거나 혹은 지위가 높은 사람에게 보이는 존경과 충성심은 절대적이며(Park & Kim, 1992) 이것이 한국이 권력 격차가 큰 국가로 만드는 요인이다(Lee, 2012).

한국 사람들에게 있어서 나이가 든다는 것은 품위, 존경과 경건함을 의미한다. 한국 사람들이 다른 사람과 의사소통하고자 할 때 나이가 우선 고려 대상이다. 이런 사회적인 욕구는 의미 있는 관계를 형성하기 위해 노력한다는 것을 나타낸다(Gambrel & Cianci, 2003). 한국에서 개인 간의 유대감은 매우 중요하다고 할 수 있다.

한국 사회는 위계질서 또한 중요시하고 있으며, 이런 규범을 파계하는 것은 관계와 효율적인 의사소통을 저해할 수 있다(Kim, 2002). 대개 연장자가 모임에서 입장한다든가, 인사말을 건네든가 혹은 식사를 먼저 시작한다든가 하면서 행동을 시작한다(Lee, 2012). 유교 철학에 따를 때 사회에는 다섯 가지의 기본 관계가 존재하는데 (가) 임금과 신하; (나) 아버지와 아들; (3) 남편과 부인; (4) 장자와 젊은이 그리고 (5) 친구와 친구 관계가 그것이며(Li, Lam & Fu, 2000), 이 관계는 집단 내에서 구성원이 어떻게 의사소통하며 어떻게 행동해야 하는지에 영향을 끼친다.

종종 한국에서 나이 든 사람과 젊은이 사이에 존재하는 엄격한 위계질서와 권력 격차는 부모가 자식에게 학교 혹은 진로 선택 결정과 관련하여 지나친 간섭을 하게 만든다. 한국 부모에게 있어서 자식과 가족의 다른 구성원, 집단 혹은 사회 구성원 간 독립적이며 협력적이면서도 조화로운 관계를 형성하는 것은 매우 중요하다(Yi & Park, 2003; Neuliep, 2000).

'우리'라는 문화로 표출되는 집단주의적 사회에서 사람들은 '자신과 직계 가족만'을 돌보는 경향이 있다(Hofstede & Bond, 1984).

유학생들이 한국에서 나이에 근거한 위계질서와 권력 격차에 대해 느끼는 재미있는 시각이 아래에 제시된다.

나이지리아 출신의 유학생은 다음과 같이 말했다:

> 나이에 따른 격차가 매우 크다고 느꼈다. 젊은 사람들은 자신을 동일한 연배의 작은 친구 집단으로 분리하고 있다. 이런 작은 집단은 다른 사람이 파고들기가 무척 어려운데, 특별히 그들과 동일한 연배가 아니라면 친구 만드는 것이 힘들다. 이런 행동 유형이 어린 사람이 노출되는 기회를 적게 만들어서 청소년기를 나이가 많은 친구들 두지 않고 겪어야 하는 일이 생긴다. 성장하고 있는 나이지리아 사람으로서 생각해 보면 나보다 나이가 많은 친구들은 나의 조언자들이며 내가 많은 경우 올바른 결정을 내리도록 인도하였다.

러시아 출신의 한 학생은 한국 사람이 다른 사람의 나이에 대해 무척 신경을 쓰는 것이 놀랍다고 말했다:

> 무엇보다도 한국 사람이 나이와 사회에서 차지하는 지위에 관해 물었을 때 다소 놀랐다. 나는 나이와 신분이 한국 생활에서 중요하다는 것을 곧 알아차렸다. 단지 몇 달만 더 나이가 많아도 어린 사람이 존경을 표시한다. 러시아에서는 사람을 알아갈 때 나이나 신분은 묻지 않는데 용인할 수 없는 질문이기 때문이다.

이에 더하여 많은 유학생이 한국에서 나이 든 사람과 젊은 사람들 사이에 위계질서가 존재하는 것을 목격하였다. 이런 권력 격차는 한국에서 연공서열이 매우 중요하다는 것을 의미하며 대개 나이 든 사람에게 존경이나 예의를 표시하는 것으로 나타난다.

두 명의 중국 유학생이 자신이 받은 인상을 각각 다음과 같이 표현하였다:

> 한국 사람들은 나이 든 사람에게 항상 공손하며 노인과 젊은이들 사이의 관계가 중요하다고 여기고 있다. 특히 한국 사람은 다른 사람의 나이에 무척 신경을 쓴다.

> 한국에 왔을 때 나이 든 사람을 만날 때마다 나는 '안녕하세요' 혹은 '안녕히 가세요'라고 말할 것이다. 젊은 사람이 나이 든 사람의 질문에 대해 답할 때 젊은 사람은 '아' 혹은 '음' 같은 말을 하지 않고 '네'라고 말해야 하는데 그 이유는 만약 그렇게 하면 무례한 사람이라고 간주할 것이다.

또 다른 유학생은 나이 든 사람에게 어떻게 행동해야 하는지에 대해 다음과 같이 말했다:

> 한국 사람은 다른 사람의 나이에 대해 무척 신경을 쓴다. 한국 사람

> 은 유교를 따르고 있어서 노인을 무척이나 공경한다. 나이 든 사람이 들어오면 모두 일어서서 장수를 기원한다. 나이 든 사람과 대화할 때 선글라스를 벗어야 한다. 노인 앞에서 똑바로 앉는 것은 무척 중요하다. 한국은 나이 든 사람과 젊은 사람들 사이에 강한 위계질서가 유지되고 있다. 만약 한국 사람이 당신이 자기보다 나이가 많다는 것을 알게 되면 훨씬 더 존경심을 가지고 당신을 대할 것이다

슬로베니아 출신의 유학생은 한국에서 노인과 외국인에게 확연하게 표출되는 존경심에 대해 다음과 같이 언급하였다:

> 커다란 차이는 모두가 노인이나 나 같은 외국인에게 모두 존경심을 보이고 친절하며 도움을 주고자 한다는 것이다. 슬로베니아에서도 노인에 대해 존경심을 보이고는 있지만, 한국에서처럼 그렇게 드러날 정도로 하지는 않는다.

나이 든 사람과 있을 때 행동 규범에 관련하여 두 명의 유학생이 각각 다음과 같이 말했다:

> 한국에서 식사할 때 나이 든 사람이 먹고 난 후에 먹는 존경심을 보여야 한다.

> 한국은 나이 든 사람과 젊은 사람 사이에 강한 위계질서가 유지되고 있다. 한국 사람이 당신이 자신들보다 나이가 많다는 것을 알게 되면 당신을 훨씬 더 존경심을 가지고 대할 것이다. 그래서 '몇 살이냐' 라는 질문은 문화적이고 역사적 이유에서 생겨난 것이다.

프랑스 출신의 유학생은 한국과 프랑스 사이에 존재하는 커다란 차이에 대해 다음과 같이 언급하였다:

> 한국에서는 노인을 매우 존경스럽게 대하고 있으며 사회에서 중요한 부분을 차지하고 있다는 것을 이해한다. 그런데 종종 나이 든 사람이 자신의 이익을 위해 이런 부분을 당연하다고 여긴다. 일반적으로 한국 문화는 나이 든 사람을 존경심으로 대하도록 맞추어져 있다. 이는 프랑스와는 아주 다른데 프랑스에서 노인을 존경하기는 하지만 한국 문화에서 행해지는 만큼은 아니다.

그러나 비슷한 경험을 한 프랑스 학생은 그것이 스트레스를 주는 일이라고 하면서 다음과 같이 말한다:

> 한국에서 나이가 중요하다는 사실에 나는 스트레스를 받는다. 당연히 노인을 공경해야 한다는 것에 동의하지만 한국 사람들은 그것을

> 지나치게 강조하고 있다고 생각한다. 내가 가장 혼란스럽다고 생각하는 것은 지하철에서 종종 나이 든 사람이 기차가 도착하자마자 서 있는 줄의 제일 앞자리로 곧장 달려간다는 것이다.

또 다른 프랑스 출신의 유학생은 젊은이들이 노인에 대해 보여주는 행동에 일관성이 모자란 경우도 있다고 언급하고 있다:

> 한국에서 노인을 공경하는 일과 존칭을 사용해야 하는 일이 얼마나 중요한지를 알았다. 내가 서울에 처음 와서 지하철을 탔을 때, 한쪽에 나이 든 사람을 위해 특별한 자리가 마련된 것을 보았다. 노인을 위해 편리한 것이며 좋은 아이디어라고 생각하였다. 프랑스에도 유사한 제도가 있는데 버스에만 있고 지하철에는 없다. 그런데도 일반인은 노인을 위해서 일어나 자리를 양보한다. 버스의 경우 노인이 없다면 그 자리를 젊은 사람이 사용한다. 한국에서 바쁜 시간에 지하철에 노인이 없음에도 불구하고 경로석이 비어 있는 것을 보았을 때 내가 혼란을 느낀 이유이다. 한국에서는 어떤 경우에도 존경심을 표시하기 위해서 혹은 나쁘게 여겨지는 것을 피하고자 젊은 사람이 경로석을 차지하지 않을 것처럼 보인다는 것이 나의 의견이다.

러시아 출신의 유학생도 비슷한 경험을 공유하였다:

> 대중교통에서 한국 사람이 노인에게 자리를 양보하지 않는 것을 보고 놀랐다. 내가 자리를 양보하려고 했더니 많은 사람이 나를 이상한 눈으로 쳐다보았다. 그러고 나서는 경로석이 있기 때문에 자리를 양보하는 일을 하지 않는다고 내게 말했다.

사우디아라비아 출신의 유학생은 노인에게 존경심을 표현하면서 위계질서를 지키는 것이 젊은 사람과 나이 든 사람 사이에 친밀감을 형성하는 데 도움이 되지 않는다고 말한다:

> 노인을 얼마나 공경하고 노인에 대한 태도는 내가 지금까지 보지 못한 것이다. 그러나 가끔 한국 사람들이 지나치게 전통을 지키려고 하다 보니 자신을 지키지 못하는 경우도 있다고 생각된다. 예를 들면, 나이 든 사람과 친분을 형성할 수 있음에도 불구하고 나이 든 사람을 노인으로만 존경해야 한다.

네덜란드 출신의 유학생은 한국의 젊은 사람과 나이 든 사람 사이에 존재하는 권력 격차에 대한 경험을 다음과 같이 표현하고 있다:

> 두 번째로 생각나는 것은 권력 격차이다. 어떤 사람이 당신보다 어리거나 나이가 많다면 너의 행동이 다르게 변해야 한다는 것이다. 유럽에서

는 이와 같은 행동 유형을 본 적이 없기 때문에 그런 장면을 보는 것이 흥미로웠다.

한 중국 유학생은 젊은 사람과 나이 든 사람 사이에 존재하는 관계에 대해 다음과 같이 언급하였다:

나이 든 사람과 젊은 사람의 관계에 관해서 보면 한국에서는 이 관계를 항상 고려하는데 그 이유는 젊은 사람이 나이 든 사람에게 공손해야 한다는 것이 한국 문화의 한 부분이기 때문이다.

터키 출신의 유학생은 한국에서 젊은 사람과 나이 든 사람 사이에 존재하는 그 관계가 다소 극단적이라고 하면서 다음과 같이 말한다:

내가 전에 읽어 보았던 것처럼 노인을 존경하는 것은 한국 사람들의 삶에 있어서 중요한 한 측면이다. 그러나 내가 한국에 처음 와서 한국 사람들을 만나기 시작했을 때 이런 존경심은 극단적인 현상이며 이것이 젊은 세대 간에도 나타나고 있다는 것에 충격을 받았다.

핀란드 출신의 유학생은 한국에서 노인을 위한 존경심의 표현

은 단순히 행동으로만 나타나는 것은 아니며 특히 존칭어를 사용해야 하는데 의사소통에도 존재한다고 언급한다:

> 한국어와 몸짓 또한 다양한 방법으로 노인과 높은 신분의 사람에게 존경을 표한다. 두 손으로 물건을 건네고 말하는 방식의 변화가 우선 머리에 떠오른다. 위계질서와 이것이 일상생활에서 드러나는 정도는 핀란드와 비교하여 보았을 때 매우 확연하게 눈에 띈다.

러시아 출신의 유학생은 한국 사람이 첫 번째 만남에서 물어보는 질문에 놀랐다고 다음과 같이 말한다:

> 무엇보다도 한국 사람이 나이와 사회적 지위에 관해 물었을 때 나는 놀랐다. 그 사람의 나이와 사회적 지위가 한국 사람의 생활에서 중요한 역할을 한다는 것을 곧 알아차렸다. 심지어는 당신이 몇 달만 더 나이가 많아도 더 어린 사람은 존경심으로 당신을 대할 것이다. 러시아에서는 사람을 알아가는 과정에서 그 사람의 나이와 신분에 관해서 묻지 않는데 그것은 받아들여지지 않기 때문이다.

자식의 의사결정에 관여하는 부모의 역할에 대해 나이지리아 출신의 학생은 다음과 같이 말하고 있다:

부모가 자식의 생활에 대해 강한 통제를 하고 있다는 것을 알아차렸다. 한국의 자식 중 일부는 무엇을 전공해야 하는가, 어떤 대학에서 공부해야 하는지 혹은 누구와 결혼할 것인지 등에 대해 부모가 자식 스스로 장기적인 결정으로 내리도록 허락하지 않는다. 부모가 자식들과 함께 결정을 내리기보다 부모가 자식을 위해 결정을 내린다. 이런 결정은 부모가 자식의 능력보다 자식을 위해 무엇이 옳다고 생각하는지 여부에 달려 있다. 나이지리아에서는 자식은 본인이 가지고 있는 열정, 능력과 가치에 기초해서 본인 스스로 원하는 것은 무엇인지 결정을 내릴 수 있다. 어린 나의 목표가 법적으로 하자도 없고 내가 열정과 능력을 가지고 있다면 부모가 그것을 변경하지는 않는다.

핀란드 출신의 한 유학생도 비슷한 것을 관찰하였는데 한국에서 부모가 간섭하게 되면 자식의 자율성과 독립심을 저해하게 된다고 다음과 같이 주장한다:

가족은 개인의 의사결정에 매우 중요한 역할을 한다. 그런 이유로 인해 한국에서는 훨씬 더 나이가 들어서 사람들이 성숙하고 독립적으로 된다.

Chapter 3

GREETINGS AS A MATTER OF COMMUNICATION: Bow or handshake?

제3장

의사소통 수단으로서의 인사: 절을 해야 하나 악수를 해야 하나?

제3장

의사소통 수단으로서의 인사:
절을 해야 하나 악수를 해야 하나?

사람이 서로에게 인사하는 방법은 문화에 따라 다양하다. '인사'는 사람들이 의도적으로 본인의 존재를 다른 사람에게 인식시키려고 하는 의사소통 수단의 하나이다. 인사는 개인 간의 관계와 특정한 모임 내에서 사람들 간의 사회적인 신분을 보여주기도 한다. 인사 전통은 대부분의 문화에서 상황에 맞는 인간의 행동이라고 인식된다. 악수나 절과 같은 간단한 행동은 언어를 사용하지 않는 의사소통 방법인데 이를 통해 상대방의 존재를 알리게 되는 것이다.

예를 들면, 인사 행동에 대해 다른 문화는 다른 이해를 하게 되는데 서양식 인사인 단순한 악수는 태국에서는 불경스러운 일로 간주하기도 하는데 여기서는 남성과 여성에 따라 다른 행동과 언어를 사용하여야 한다.
인사는 공식적인 표현의 상호 교환, 키스, 악수, 포옹 혹은 다양한 행동을 구성 요소로 포함하고 있다. 인사의 형태는 사회 에티켓과 사람들 간의 관계에 의해 결정된다.

공식적인 인사는 언어를 통한 인정과 더불어 표정, 행동, 몸짓 언어 및 눈 맞춤을 동반한다. 예를 들어보면 팔을 크게 벌려서 인사하는 것은 일반적으로 포옹을 의미하는 것이라고 할 수 있다. 악수 시에 느껴지는 악력의 정도, 악수할 때 얼마나 강하게 손을 흔드는가 혹은 얼마나 머리 숙여 절을 하는가 등의 다양한 신호는 그 사람이 상대방과 어떤 관계를 가지고 있는가를 나타내 준다.

한국에서 남자들 사이에서 행해지는 일반적인 인사는 절이며 종종 악수를 동반하기도 한다. 한국인 사업파트너나 혹은 동료를 대하는 많은 외국인은 한국 사람들이 서로 절을 하고 이와 더불어 악수를 교환한다는 것을 경험하였다. 절을 한다는 것은 일부 외국인들에게는 놀라운 인사 문화라고 여겨지기도 한다(Lee, 2012).

코로나 사태로 인해 사회적 거리 두기는 인사를 더욱더 힘들게 만들었다. 많은 사람이 악수하기를 거부하며 대신에 팔

꿈치를 서로 부딪치거나 서로 고개를 까닥이는 정도만 하고 있다. 최근 인사 형식과 행동이 변하기 시작하였는데 이는 우리가 예기치 못한 상황에 부닥쳐 있기 때문이다.

다수의 학생이 한국 사람들의 인사 문화와 이를 동반한 한국식 표현에 대해 공유하면서 언급하고 있는데 이들의 경험이 아래에 제시되어 있다.

헝가리 출신의 학생은 한국 사람들이 서로 인사하는 방법에 대해서 공감하면서 다음과 같이 그 경험을 공유하고 있다:

> 내가 가장 공감하는 부분은 한국 사람들이 서로에게 무한한 존경심을 표현한다는 것이다. 고개 숙여 절하고, 존경하는 자세(예를 들면 손을 사용하는 자세)와 더불어 격식을 갖추고 공경어를 사용하여 지위가 높거나 나이가 많은 사람들에게 말을 한다는 것이다.

터키에서 온 학생은 한국 사람들은 다른 사람 만지는 것을 좋아하지 않으며 피한다는 것을 발견하고 다음과 같이 말했다:

> 한국 사람들은 서로 만지는 것을 매우 선호하지 않는다. 한국 사람

들은 다른 사람을 만날 때 고개 숙여 절을 하거나 혹은 악수를 하는 것으로 충분하다.

한국에서 특히 나이 많은 사람에게 절하는 것이 통용되는 인사라고 이해는 하지만 네덜란드 출신의 학생은 언제 고개를 숙여 절을 해야 하는지에 대해 의문이 든다면서 다음과 같이 언급하고 있다:

> 한국에서는 내가 고개를 숙여 절을 해야 한다는 것은 알고 있는데, 내가 느낀 문화충격 혹은 놀라는 요소는 언제 절을 해야 하느냐 하는 것이다. 어떤 사람을 지나갈 때 절을 하는 경우도 있고, 악수하면서 절을 하기도 하는데, 상황에 따라서 절을 하는 각도도 다를 뿐만 아니라 나이도 이 문제와 관련하여 밀접하게 연결되어 있다.

언제 절을 해야 하는 타이밍의 문제와 더불어, 프랑스 출신의 유학생은 절을 한다는 것 자체가 어떤 의미에서는 자신에 대한 자존감을 낮추는 것이라는 행동이라고 느꼈다:

> 한국에 도착한 이후, 내가 많이 놀란 것은 모든 사람이 인사하는 방식과 다양한 방법으로 존경심을 표하는 것이다. 프랑스에서는 내가 외국 사람에게 인사하고 싶을 때는 상대방에게 그냥 단순히 "good

morning" 혹은 "hello"라고 하면 된다. 한국에서는 사람들이 상대방에게 존경심을 표하기 위해 고개를 숙인다. 나는 그게 이상하다고 느꼈는데 그 이유는(마치 왕 앞에서 신하가 하듯) 높은 지위에 있는 사람 앞에 있는 사람과 같은 이미지를 반영하기 때문이다.

Chapter 4

FOOD AND EATING CULTURE:
Sweet or spicy treat?

제4장

식생활 문화:
달콤한 맛 혹은 매운맛

제4장

식생활 문화:
달콤한 맛 혹은 매운맛

음식 문화는 "음식 및 음식 시스템과의 연관성, 신념과 경험으로 정의된다. … 음식 문화는 문화적 전통과 민족성을 포함하고 있지만, 거기에만 국한되지는 않는다"(The Well Essentials). 음식 문화는 한 나라의 민족적, 문화적 전통의 필수적인 부분이다.

프로초트(Frochot, 2003)는 음식을 문화 정체성, 의사소통 및 지위를 나타내는 상징이라고 묘사하고 있다. 특산물과 요리는 한 나라의 요리 관련 이미지를 개선하는 데 도움을 주며 요리가 주요한 매력적인 요소가 된다.

다른 음식을 경험해보는 것이 여행 관련 경험의 중요한

부분이라고 알려져 있다(Seo & Yun, 2015). 음식은 사람들은 다른 문화에 속한 사람들과 세대를 연결하는 한 방법이다.

웰이센살(The Well Essentials) 보고서는 다음을 음식 문화의 주요한 요소라고 언급하고 있다:

- 가족과 공동체와 음식 나누는 것을 포함한다.
- 종교와 공동체의 축제를 축하하기 위해 음식을 사용한다.
- 독특한 요리와 특출한 풍미를 위해 지역적이고 계절적인 식자재에 중점을 맞춘다.
- 음식 경험에 사람들은 가치를 부여한다(나누고 축하한다는 의미에서).

한국의 주요 요리는 밥, 채소와 육류가 주를 이루고 있다. 한국식 식사는 전형적으로 다수의 반찬이 밥과 더불어 제공되고 김치는 대부분의 음식에서 제공된다. 이연정(Lee, 2010)의 연구에 따를 때 외국인이 한국 음식을 먹을 때 가장 중요하게 생각하는 품질적인 속성은 맛(37.3%)이었으며 한국 음식 중 중요하게 웰빙 음식으로 인정되는 것은 김치와 불고기이다. 비빔밥 역시 한국의 웰빙 음식으로 인식되었다.

한국에서 음식을 나누는 것은 사람들 사이에 친숙함을

진작시키는 데 있어서 중심적인 역할을 수행한다. 한국 사람은 거의 모든 식사에서 말 그대로 음식을 나누어 먹고 있는데 그 이유는 반찬이 밥상의 중간에 놓이기 때문이다(Oh & Lee, 2004). 한국의 음식 문화는 외면적으로는 사회문화적이지만 넓게는 포용적이고 향유와 공유의 특징을 가지고 있다.

외국 유학생들은 김치와 다른 음식의 맛 등 한국 음식에 대한 다양한 경험을 공유하였다. 많은 유학생이 다른 사람과 음식을 나눈다든가, 독특한 요리와 식당에서 찬물을 제공하는 등과 같은 재미있는 경험에 대해 언급하였다.

네덜란드 출신의 한 유학생은 네덜란드와 비교했을 때 한국에서 외식하는 것이 매우 보편적이며 가격도 상당히 저렴하다고 하면서 다음과 같이 언급한다:

> 내가 이상하다고 느낀 것은 외식하는 빈도가 매우 높다는 것이며 한국 사람들의 음식이다. 어디를 가도 많은 식당이 있고 거기에는 항상 외식하고 있는 사람들이 있으며 음식이 저렴하다. 네덜란드에서는 레스토랑에 가서 외식하는 것은 특별한 경우인데 우리는 평균 한 달에 한 번 정도 외식한다.

그러나 한국에서 외식할 때, 많은 유학생이 한국 음식이 다소 맵다고 느꼈다. 우즈베키스탄 출신의 한 학생은 다음과 같이 말하고 있다:

> 음식은 매우 맛있지만, 대부분의 음식이 매워서 내가 먹기에는 어려움이 있다.

몇몇 중국 학생들은 한국 음식이 지나치게 매우며 메뉴는 종류가 다양하지 못하다고 하면서 다음과 같이 말했다:

> 처음에는 한국 음식이 맛있었다. 그러나 시간이 지나면서 구내식당의 음식이 언제나 동일하였다. 그래서 지금은 다소 질린다. 한국 사람들은 매운 음식을 매우 좋아한다. 그래서 식당에 가면, "맵지 않게 해 주세요"라고 말해야 한다. 빨간 음식을 보면, 입술이 부풀어 오르지 않도록 반드시 물을 마셔야 한다고 생각한다. 또 한국 사람들은 심지어 왜 찬물 마시는 것을 좋아하는지 이해하기 어렵다. 중국에서는 찬물은 몸에 좋지 않다고 하는데, 특히 여성에게도 좋지 않다고 말한다.

> 나는 매일 식당에서 밥과 김치를 먹는다. 게다가 김치는 매우 맵고 대부분의 다른 한국 음식도 맵다. 나는 밥과 매운 음식을 특별히 좋

> 아하지 않는데 고향에서 우리 주식은 면이다. 내가 언제쯤 한국 생활에 적응할 수 있을지 모르겠다.

> 한국의 식사 습관은 중국과 다르다고 느꼈다. 비빔밥과 국수 외에, 대용으로 절인 것도 있다.

인도네시아 출신의 학생은 한국 사람들이 계절마다 먹으려고 하는 음식이 다른 것이 이상하다고 느꼈다고 다음과 같이 말한다:

> 아직도 여름에는 뜨거운 음식을 먹고, 겨울에 아이스크림이나 빙수와 같이 차가운 음식을 먹으려고 하는 한국 사람들의 생각을 이해하기 어렵다.

몇몇 중국 출신 유학생들은 식사할 때 혹은 식사 전에 차를 마시는 중국과 달리 한국 사람들은 식사하면서 찬 음료를 마시는 것을 목격하고 다음과 같이 말한다:

> 한국 사람들은 찬물 마시는 것을 좋아하지만 중국 사람들은 뜨거운 물 마시기를 좋아한다. 예를 들면 중국 식당에서는 웨이터가 손님에게 뜨거운 차를 제공하는데 한국 식당에서는 특별히 뜨거운 음료를

요청하지 않으면 찬물과 차가운 차를 준다. 한국 음식은 항상 맵고 단데 많은 음식이 그런 맛을 가지고 있다. 음식이 막연히 맵고 달다.

내가 여기에 온 지 첫날 언어 버디와 함께 한국 식당을 가서 매우 매운 한국 음식을 먹었다. 그래서 물을 마셔야 했는데 차가운 냉수였다. 하느님 맙소사! 난 겨울에는 언제나 뜨겁거나 미지근한 물을 마셨다. 더더욱 놀라운 것은 식당에서는 손님에게 찬물만 제공한다는 것이다. 겨울에 찬물을 마셔야 한다니 견딜 수 없을 것 같다고 생각한다. 또 다른 이상한 점은 학교 구내식당의 음식이 달고 매운 음식이 포함되어 있다는 것이다.

왜 식당에는 찬물만 있는지 모르겠다. 찬물을 마실 수 있고 여름에 찬물을 마시면 시원하다. 그러나 찬물은 여자의 몸에 좋지 않다고 생각한다. 대부분의 중국 사람들은 찬물이 건강에 좋지 않다고 믿는다.

그러나 폴란드 출신의 한 학생은 폴란드에서와 달리 한국의 식당과 카페에서 물을 공짜로 주는 것을 보고 상당히 놀라 다음과 같이 말했다:

폴란드에서는 식당에서 물이 공짜가 아니다. 한국에서 물이 공짜라는 것을 알고는 놀랐다.

많은 프랑스 출신의 학생들이 한국 사람들이 김치를 포함한 매운 음식을 좋아하는 것에 대해 다음과 같이 말한다:

> 입술을 델 정도로 한국 사람들이 매운 음식을 좋아하는 것이 매우 이상하다. 한국 사람들은 맵게 먹으면서 행복해하는데 내가 한국어 시간에 한국 사람들이 매운 음식이 한국 사람들의 스트레스를 해소한다는 유튜브 비디오를 보고 놀랐다.

> 내가 첫 번째로 충격을 받은 것은 음식이었다. 프랑스에서는 훨씬 덜 매운 음식을 먹는다. 배추(한국 사람들이 특별히 좋아하는 것이지만)는 프랑스 사람들이 일반적으로 별로 좋아하지 않는 음식이다. 여기서는 모든 사람이 먹으며 좋아하는 음식이다. 김치의 진가를 알아보고, 오징어 먹는 법을 배웠다.

러시아 출신의 한 유학생은 한국의 매운 음식에 대한 경험을 다음과 같이 말한다:

> 한국 음식을 처음 먹었을 때 다소 충격을 받았다. 내겐 매운 향신료

같았다. 그러나 많은 한국 사람들이 더 매울수록 더 좋다고 생각한다.

한 프랑스 학생은 한국 사람들의 김치 사랑에 대해 다음과 같이 언급하였다:

> 김치 역시 한국에서 내가 발견한 그 무엇이다. 나는 김치가 시고 맵기 때문에 별로 좋아하지 않는다. 프랑스 사람이 빵을 먹는 것처럼 한국 사람들은 김치를 먹는다. 오징어는 한국에서 항상 선호되는 음식이지만 나에게는 아니다. 독한 냄새를 풍기지만 한국 사람들은 항상 어디서든지 오징어를 먹는다.[1] 이런 것을 어디에서도 본 적이 없다.

대만 출신의 학생도 적응하는 데 어려움이 있었다고 말한다:

> 내가 적응이 잘 안 되는 것이 음식이다. 내가 매운 음식을 먹기는 하지만 한국의 모든 음식이 맵기 때문에 내 위장은 견디지 못한다. 모든 식사에 김치를 먹는 것을 보니 김치는 한국에서 국가적인 요리라고 생각한다.

---

1 원문에는 낙지(octopus)라고 되어 있지만 문맥상으로는 오징어를 의미하는 듯하다.

한국 음식이 매울 뿐만 아니라 한국에는 바비큐 식당이 매우 많다고 하면서 한 프랑스 학생은 다음과 같이 말했다:

> 내가 파악한 한국 문화의 모든 면은 다음과 같은 결론으로 인도하고 있다. 이번이 아시아를 여행한 첫 번째 경험이긴 하지만 나의 다른 여행지와 비교하였을 때 한국의 음식은 특별하다. 바비큐 식당은 한국에서 발견되는 것이지만 탁월한 것인데 한국 도시의 어느 거리에서도 마주칠 수 있을 정도로 많다는 것이 놀랍다. 전통적인 식당도 나를 다소 심란하게 만들었는데 그 이유는 음식이 매우 맵기 때문이다. 프랑스에서는 매운 것을 먹지 않는다.

놀라울 정도로 많은 학생이 한국 음식이 단 경향이 있다고 느끼면서 건강 관련 걱정을 표시하였다. 한 독일 유학생은 다음과 같이 말하며 자신의 경험을 공유했다:

> 첫 번째 특이한 점은 음식과 관련 있다. 한국 음식과 관련하여 나의 시선을 끈 것은 음식이 달거나 혹은 매우 맵다는 것이다. 짠맛을 가진 음식을 거의 찾아볼 수 없다. 이와 반대로 독일 음식은 아마 지나치게 짜다고 할 수 있다.

이에 더하여 프랑스 출신의 한 학생은 과일이 비싸며 건강에 이로운 음식이 많지 않다고 다음과 같이 말한다:

> 마지막으로 인상 깊은 것이 음식이었다. 여기서는 모든 것이 튀겼거나 달았으며 과일은 매우 비싸다. 그래서 건강에 이로운 음식을 먹는다는 것은 힘든 일이었다. 심지어는 식당에서조차도 고기는 기름이 많았는데 특히 한국의 바비큐 식당이 그랬다.

한국에서 과일과 채소 가격에 대해 핀란드 출신의 유학생도 비슷한 점을 관찰하고 다음과 같이 말하고 있다:

> 내가 이웃에게서 들은 음식 관련 문화 충격은 과일과 채소 가격이 핀란드와 비교하여 믿을 수 없을 정도로 높다는 것이다.

한국 음식의 매운맛과 달콤한 맛뿐만 아니라 폴란드 출신의 유학생은 한국에서 특이하지만 매우 인기 있는 음식 관련 경험을 공유하였다:

> 여기서 겪은 가장 큰 문화 충격은 음식이었다. 한 식당에서 종업원이 번데기를 가져다주었을 때 충격을 받았다. 나중에 내 친구는 개

> 불에 대해 말해 주었다. 폴란드에서는 해산물을 거의 먹지 않는다. 낙지나 게를 먹는 것이 인기 있는 것은 아니다. 그래서 한국에 오기 전에는 먹으려고 시도해 본 적이 없다.

많은 유학생이 한국 사람들이 음식을 나누어 먹는 경향이 있다고 생각했다. 한 프랑스 유학생은 다음과 같이 말한다:

> 한국 사람들은 나눔에 대한 개념이 있어서 함께 놓고 모두가 다 같이 나눈다. 식탁에서도 모든 음식을 다른 사람과 나누어 먹는데 남의 접시에 담긴 음식을 먹지 않는 프랑스에서 흔한 일이 아니다.

그러나 핀란드 출신의 한 유학생은 음식을 나누는 것은 긍정적인 일이며 그런 식으로 식사하는 것을 즐겼다고 말했다:

> 핀란드에서는 식당에서 같은 테이블에 있는 다른 사람과 음식을 나누어 먹지 않는다. 나는 이곳 스타일이 좋다. 핀란드에서보다 여기서 이렇게 음식을 먹는 경험이 훨씬 더 특별하다고 느끼게 만든다. 음식은 핀란드에서보다 더 맛있고, 더 뜨겁다.

한국에서 음식을 나누어 먹는 것이 단순히 가족과 친구에게만

국한된 것이 아니라 낯선 사람과도 이루어진다고 한 중국 학생은 다음과 같이 말한다:

> 한국 사람들은 친밀함을 보여주기 위해 낯선 사람과도 음식을 나누어 먹는 것을 좋아하는데 중국에서는 흔한 일이 아니다. 내가 볼 때 중국 사람들은 낯선 사람들에 대해 위험하다고 느끼거나 혹은 동요한다고 생각된다. 그래서 중국 사람들은 낯선 사람과 말도 걸지 않으며 음식도 절대로 나누어 먹지 않는다. 이런 일이 중국에서 일어난다면 중국 사람들은 내가 미쳤다고 생각하거나 내가 그 사람들을 다치게 할 것이라고 믿는다. 그래서 중국 사람들은 낯선 사람이 음식을 제공하면 절대 받지 않는다.

Chapter 5

ETIQUETTES AND COURTESY:
Manners make the man

제5장

에티켓과 예의:
매너가 사람을 만든다!

제5장

에티켓과 예의:
매너가 사람을 만든다!

에티켓과 매너는 사회적 상호작용 시에 중요한 역할을 수행한다. 이 두 개념은 사람의 행동과 관련된 된 것으로 종종 상호 교차 사용되기도 한다. 그러나 이 두 개념 사이에 몇 가지 차이점이 있다: 에티켓은 일련의 정중함에 대한 규칙, 즉 무엇이 사회적으로 수용되는 규칙임을 나타내지만 매너를 이를 행동으로 표현하는 것이다. 에티켓은 특정한 집단 혹은 사회에서 규범과 가치에 따를 때 무엇인 공손한 행동인지를 규정하고 있으며 매너는 다른 사람을 향한 행동, 대개 사회적으로 올바르게 이를 행하는 방법이다. 그래서 어떤 상황에서든 적절한 에티켓에 의해 좋은 매너가 나타나는 것이다.

적절한 에티켓과 매너는 사람들이 조화롭게 살기 위해 필요하며, 유익한 대인관계를 형성하는 데 도움이 된다. 그러나 에티켓은 문화 특수성을 가지고 있는데 이는 특정한 문화의 규범과 그 관습에 따라 사람들의 행동을 위한 구조와 가이드라인을 제공한다는 맥락이다. 문화에 따라서 에티켓과 매너는 변한다.

한국에서 에티켓 혹은 사람들의 상호작용을 지배하는 사회적 행동에 관한 코드는 조선 시대 한국의 유교의 사상적 행동적 특성에서 대부분 도출되었고 종교적 핵심 가치에 초점을 맞추고 있다. 일반적인 행동뿐만 아니라, 한국에서 에티켓은 사회적 신분과 관련된 행동 규범을 규정하기도 한다.

한국 사람들의 습관들 중 많은 유학생이 가장 싫증을 내는 것이 길거리에서 침 뱉는 행위, 특히 흡연자들이 침 뱉는 행위이다. 침 뱉는 행위는 유학생들 사이에서 한국에서 대한 이미지와 관련하며 남을 배려하지 않는, 매너가 나쁜 사람들이라는 이미지를 만들어 낸다. 또한 식당에서의 소란스러움도 유학생들에게는 매우 낯선 것이며 종업원에게 소리치는 행동은 불편하다고 느낀다. 유학생들은 한국에서 예상했던 것보다 더 많은 흡연자, 특히 많은 젊은 여성 흡연자를 보았다. 유학생 중 일부는 이 부분에 대해서 매너와 에티켓의 관점에서 바라보며 자신들의 경험을 공유하고 있다.

파키스탄 출신의 유학생은 한국에서 많은 수의 젊은 한국 여성이 담배 피우는 것을 보고 다음과 같이 말했다:

> 내가 놀란 다른 것은 젊은 사람들이 많이 흡연한다는 것이다. 저녁에 길거리에서 젊은 남녀가 담배 피우고 있는 것을 종종 본다.

어떤 유학생들은 한국 사람들 사이에서 매너 없는 경우에 대해 언급하였다. 한 프랑스 학생은 다음과 같이 말한다:

> 대부분 내가 충격을 받은 것은 긍정적인 측면이다. 내가 무례하다고 느낀 것은 사람들이 다른 사람을 위해 문을 잡아 주지 않는다는 것이다.

폴란드 출신의 학생도 동일한 것을 목격하고 다음과 같이 말한다:

> 내가 겪은 두 번째 문화 충격은 사람들이 문을 통과할 때이다. 폴란

드에서는 사람들이 빌딩을 나올 때, 혹은 버스나 다른 대중교통수단을 이용할 때, 먼저 나오거나 내리게 하지 않는 것은 매우 무례한 행동이라고 간주한다.

여러 나라 출신의 학생들이 한국에서의 에티켓에 대해 언급하였다. 예를 들면 한 프랑스 학생은 다음과 같이 말했다:

내가 이상하다고 생각한 또 다른 것은 한국의 나이 든 여성인 소위 '아줌마'와 관련된 것이다. 한국에서 나이 든 아줌마는 모든 권력을 쥐고 본인들이 원하는 모든 것이 허락된 것처럼 보이는데 줄을 서 있다가 새치기하거나, 내가 하는 것을 좋아하지 않으면 소리치곤 한다.

핀란드 출신의 학생은 다음과 같은 점을 목격하였다:

식당에서 옆 테이블의 손님이 맥주를 더 갖고 오도록 종업원에게 "여기요"라고 소리치는 것을 들었다. 핀란드에서 그렇게 소리치는 것은 무례한 것이지만 여기서는 정상적인 관습이었다.

다른 유학생 두 명도 다음과 같이 말하며 그들의 경험을 공유하였다:

한국에서 집에 들어갈 때 대부분 신발을 벗는다. 한국 사람들은 신발을 벗지 않는 것보다 벗는 것이 더 깨끗하다고 생각한다.

먹으면서 걸어가거나 다른 사람 앞에서 코 푸는 것은 무례한 행동이다.

Chapter 6

ATTITUDE TOWARDS OTHERS: Are Koreans afraid of foreigners or shy?

제6장

타인에 대한 태도:
한국 사람들은 외국인을 두려워하는가 아니면 수줍어하는 것인가?!

제6장

타인에 대한 태도:
한국 사람들은 외국인을 두려워하는가
아니면 수줍어하는 것인가?!

태도, 가치, 신념은 상호 밀접하게 연관된 개념으로 이들을 묶어서 때때로 문화라고 언급하기도 한다. 분명하게 이들은 인간의 행동을 결정하는 데 중요한 역할을 수행한다. 이들 상호 연관된 개념들은 문화라는 빙하 속에서 중요한 범주의 일부를 형성하고 있다. 간단히 말하면, 가치는 개인이 선함 혹은 옳음과 연관 짓는 원칙이라고 정의할 수 있다. 문화 집단은 일련의 공유된 가치, 신념과 태도를 가지고 작동하는 경향이 있다. 분명히 변화의 여지가 있기는 하지만 특정한 문화의 가치에 대해서 합리적인 일반화가 가능하다.

빙산의 상부: 문화는 오감을 사용하여 인지할 수 있는 것: 언어, 건축, 음식, 인구, 음악, 의복, 미술과 문학, 삶의 속도, 감정적 표출, 몸짓, 여가 활동, 눈 맞춤, 스포츠

그림 1. 문화 빙산

빙산의 하부: 다음을 결정하는 가치: 시간 개념, 개인이 사회에 적합해 가는 방법, 인간의 본성에 대한 신념, 관계에 대한 규칙, 일의 중요성, 성취에 대한 동기 부여, 가족 관계에서 어른과 자식의 역할, 변화에 대한 인내, 남자다운 행동에 대한 기대, 체면과 조화의 중요성, 지도자 제도에 대한 선호, 의사소통 양식, 남자와 여자의 역할에 대한 태도

출처: Peterson(2004).

유교는 한국문화에 대한 권위적인 영향력을 행사하였다. '유교적인 사고가 다수의 동아시아 사회에서 언어에 대한 태도를 형성하는 데 중요하게 기여하였다'라고 주장하는 것이 합당하다. 유교적인 문화는 관계의 위계질서와 사회적 조화를 극찬하고 있는데 상이한 관계와 상황에서 언어 사용을 제한하는 규칙이 잘 규정되어 있다. 이런 맥락에서 볼 때, 유교 사회

에서 언어와 단어 사용에 대한 태도는 서양 사회에서의 사용되고 있는 태도와 직접적으로 상치된다(Chang, 2008).

결론적으로 아시아 문화를 규정하고 있는 주요한 특징 중의 하나인 유교는 집단주의라는 사고와 연결된다. 아시아 문화는 높은 맥락과 집단주의적 접근 방법을 보여주고 있는데 위계질서와 관계를 자아의 표현과 직접적인 의사소통보다 중요하다고 강조한다(Chang, 2008).

게다가 공동체의 구성원 간 상호작용은 상이한 수준의 존경을 보이는 것을 포함하고 있는데 특별히 이런 측면이 젊은 사람들에게 강조되고 있다. 한국의 위계질서 구조하에서 직위, 직업과 교육 수준은 개인의 신분에 대한 중요한 지표가 된다. 그러나 나이가 일반적으로 존경이 요구되는 수준을 결정하는 데 있어 선결 조건으로 작용한다.

이 책에 사용된 다수의 외국인 유학생들은 상이한 문화적인 성장 배경으로 인해 한국이라는 맥락 속에서 이문화 간 의사소통에서 접하게 되는 위계질서, 연공서열과 세대 간의 문제 등을 목격하고 강조하고 있다.

대만 출신의 한 학생은 외국인과 상호 관계를 형성하는 데 한국 사람들이 명백하게 주저하고 있다고 느꼈으며 나아가 그 상호작용에 있어 열정이 부족함을 강조하면서 다음과 같이 말했다:

> 대구에 오기 전에 대구 사람들이 수줍어한다는(혹은 보수적이라고) 것을 알고 있었다. 여기서 3주를 지내 보니 한국 사람들이 외국인(특히 영어를 사용하는 외국인)과 대화하는 데 수줍어한다는 것을 느낄 수 있다. 나의 버디도 대구 사람들은 서울 사람들과 비교해서 수줍음을 타지만 심리적으로는 훨씬 더 가깝다고 말해 주었다. 지역마다 각자의 개성이 있다는 것을 이해하지만 이런 측면에서 나는 한국 사람들이 "차갑다"라고 느끼도록 만든다고 생각한다. 이런 측면은 내가 생각하기에는 한국 사람들이 자신의 영어 실력에 대해 자신이 없기 때문이다. 대만 사람들도 영어를 잘하지 못하지만, 우리가 외국인을 만나게 되면 그들을 도와주며 그들과 의사소통 하려고 노력하면서 우리의 열정을 보여준다.

다른 한편, 중국 유학생은 계명대학교에 도착하였을 때 보여준 환대에 다음과 같이 말하여 감사를 표시하였다:

> 이 대학과 내가 다녀 본 한국의 모든 곳에서 다른 나라에서 온 나를 포함한 외국인들에게 사람들은 매우 친절하고 예의를 갖추었다.

중국 출신의 또 다른 유학생은 한국 사람들의 이방인에 대한 일반적인 태도의 일부를 다음과 같이 표현하였다:

> 한국 사람들은 특히 공개적인 장소에서 이방인들에게 적극적으로 말을 하지는 않는다. 그러나 그들에게 도움을 청하면 한국 사람들은 매우 친절할 뿐만 아니라 인내심이 강하다. 내가 공항에서 공중전화를 찾으려고 했을 때 공항의 환경미화원이 안내해 주었다. 무료해 하지도 않으며 나를 직접 거기까지 데려다주었다. 더더욱 인상적인 면은 한국 사람들이 대화할 때 바디랭귀지를 많이 사용한다는 것이었다. 한국 사람들은 직업에 상관없이 언제나 에너지가 충만한 듯 보인다.

또 다른 긍정적인 관점에서 슬로베니아 출신의 유학생은 세대 간에 보이는 존경심에 대해 다음과 같이 말하고 있다:

> 두 번째 커다란 차이는 특히 나이 든 사람과 나 같은 외국인에게 모두가 존경심을 표하며 친절하고 도움을 주려고 한다는 것이다. 우리 역시 본국에서 노인에게 존경심을 표하기는 하지만 한국에서만큼 혹은 한국에서처럼 드러나게 표시하지는 않는데 나는 한국의 이런 면을 좋아한다. 나는 노인들은 존경을 받아야 한다고 생각한다. 그

러나 또 다른 한 측면에서 보면 다수의 한국인은 우리를 두려워하는 것처럼 보이기도 하고 혹은 우리와 안전거리를 유지하려고 하는 것처럼 보이기도 한다.

중국 출신의 한 유학생은 한국과 중국 사이에는 문화적인 유사성이 많이 존재한다고 느꼈으며 이런 측면이 한국이라는 새로운 환경에 적응하는 데 도움을 주었다고 다음과 같이 말했다.

내가 여기 왔던 첫 번째 주에조차 나는 불편함을 느끼지 못했고 오히려 익숙하다고 느꼈다. 한국은 중국 옆에 있기 때문에 한국과 중국 사이에는 많은 공통점이 있다. 내가 한국말을 잘하지 못함에도 불구하고 내가 멀리서 왔다고 느끼지 못했으며 내가 외국 사람이고 그래서 외롭다는 것을 느끼지 못하였다. 대부분의 한국 사람들은 친절하고 우호적이었다.

중국 출신의 다른 유학생은 노인의 행동을 의아해하며 다음과 같이 언급하였다:

버스로 대구 미술관에 갔을 때, 옆에 있는 할머니가 많은 과자와 과자를 가지고 있었다. 내가 말을 해 보니 한국인 할머니가 틀림없었

> 다. 내가 한국말을 하기는 하지만 많이 잘하지는 못한다. 그런데 갑자기 할머니가 나에게 뭐가 먹고 싶냐고 물어보았다. 낯선 사람이 나에게 이렇게 물어본 것이 처음이었다. 나는 무척이나 놀랐다. 하지만 그 할머니는 무척이나 친절했고 할머니는 본인이 가진 음식을 나와 같이 나누고 싶어 했다. 그래서 나는 더는 두려워하지 않았다. 이런 상황이 중국에서는 절대 일어나지 않는다고 말하고 싶다.

사우디아라비아 출신의 유학생은 한국 사람들이 일상적으로 매우 상냥하게 자주 사용하는 표현을 관찰하고 다음과 같이 말하고 있다:

> 내가 놀란 또 다른 것은 한국 사람들이 사용하는 언어와 말하는 방식이었다. 예를 들면, 어떤 사람을 만나면 그 사람이 당신에게 "어디 가니?"라고 묻는데 대답을 할 필요는 없고 그냥 '안녕하세요'라고 말하면 되는데 그 질문이 "안녕하세요"라는 의미이기 때문이다. 밥 먹었니? 혹은 여기 어떻게 왔니? 와 같은 다른 표현들 역시 같은 의미가 있다.

네덜란드 출신의 한 유학생은 노인을 대하는 방식에 있어 네덜란드와 한국이 대조적이라는 것을 강조하면서 다음과 같이 말했다:

> 한국에서 나이 든 사람에 대한 존경심은 네덜란드에서 나이 든 사람에게 보이는 존경심과 역시 다르다. 가장 최근의 예가 내가 네덜란드에서 공항으로 가는 길에 경험한 존경심에 관한 것이다. 나는 첫 번째 칸에 타고 있었는데 학생들이 공부하고 있는 그로닝겐(Groningen)에서 집으로 가고 있는 18~19세 정도로 보이는 두 명의 젊은이가 있었다. 그 학생들은 대마를 피고 있었고 짐을 싣는 선반에 매달려 커다란 소리로 이야기하며 서로 싸우고 있었다. 아버지처럼 보이는 사람이 다가와서 조심해서 좀 더 자연스럽고 조용하게 행동하라고 부탁했는데 이들 두 명의 젊은이는 그 사람을 비웃었다. 몸에 문신을 한 사람이 그 젊은이에게 화가 나서 그들을 쫓아버렸는데 승무원이 아무것도 하려고 하지 않았기 때문이다.

또 다른 네덜란드 출신의 학생은 나이에 따라 사람들이 상대방에 대해 다르게 행동한다는 것을 보고 다음과 같이 지적하였다:

> 머리에 떠오르는 두 번째 경우는 권력 격차(power distance)이다. 만약 다른 사람이 당신보다 젊거나 혹은 나이가 많으면 당신은 다르게 행동한다는 것이다. 유럽에서는 이런 모습을 본 적이 없기 때문에 이런 것을 보는 것은 매우 흥미로운 일이다.

서유럽 출신의 또 다른 학생은 풍자(혹은 빈정거림)와 관련된 재미있는 사례를 공유한다.

> 내가 아직도 받아들이지 못하고 있는 가장 심각한 도전은 한국 사람들이 빈정거림과 빈정거리는 농담을 이해를 못 한다는 것인데 이로 인해 많은 문제와 오해가 야기되었다. 한국 사람들은 빈정거림을 종종 지나치게 심각하게 받아들이거나 곧이곧대로 의미를 해석한다는 것이다. 한국에서 첫 번째 주에 같은 방에 있는 미국 출신의 룸메이트 및 버디와 여행을 했는데, 우리는 심각한 문제에 부딪혔다. 여행하는 기간 내내 미국 학생의 버디가 걱정을 많이 했는데 그 버디는 진심으로 내가 룸메이트인 미국 친구와 잘 지내지 못한다고 생각했는지 나를 초대한 것을 후회하고 있다고 느꼈다. 이 상황을 다른 관점에서 생각해 보면 내가 불편하다고 느꼈는데 내가 왜 이런 일이 일어났는지 이해할 수가 없었기 때문이다. 미국 학생과 나는 첫날에 바로 친구가 되었는데 여행하는 기간 서로 빈정거렸다. 나중에 상당한 시간이 지나고 난 후, 우리 세 명은 모두 아주 친한 친구가 되었는데 그 당시 왜 버디가 나에게 그런 태도를 취한 숨은 이유를 이해할 수 있었다.

한국과 중국은 역사와 문화면에서 상당한 공통점을 가지고 있

지만, 중국 출신의 유학생은 많은 낯선 사람이 인사했을 때 다소 어리둥절해 하였다:

> 그날, 나는 내 친구와 학교로 걸어가고 있었는데 일련의 사람들이 우리에게 '안녕하세요'라고 말하면서 고개를 숙이며 인사한다. 놀라운 일이다! 중국에서는 낯선 사람에게 '니하오(你好)'라고 인사하지 않을 뿐만 아니라 다른 사람에게 '니하오(你好)'라고 말할 때 고개를 숙이지 않는다. 이것이 나에게는 이상하게 느껴졌다. 하지만 좋은 문화라고 생각한다.

사우디아라비아 출신의 유학생은 한국 사람들이 나이 든 사람에게 보여주는 존경심과 언어적인 뉘앙스에 대해 상당한 호기심을 보이며 다음과 같이 말했다:

> 두 번째는 한국의 문화다. 나이 든 사람에게 보여주는 존경심과 태도는 내가 보지 못한 것들이다. 그러나 가끔은 한국 사람들이 전통에 지나치게 집착해서 자신이 아닌 것처럼 보일 때도 있다고 생각한다. 예를 들면, 나이 든 사람과 친구가 될 수도 있는데 한국 사람들은 여전히 나이든 사람으로 대접하는데 이는 그 사람들 사이에 거리를 만들고 이로 인해 친한 친구가 될 수 없게 된다.

흔히 한국의 유교 전통이라고 간주하는 노인에 대한 공경은 사회에서 노인이 가장 높이 존중해야 한다는 것을 의미한다. 나이에 의한 것이든 혹은 지위에 의한 것이든 연공서열은 한국에서 사회적 관계와 활동을 조직하는 데 있어 필수적이다. 한 교환 학생은 다음과 같이 말했다:

> 지하철을 탔는데 노약자 보호석을 제외한 모든 자리가 차 있다. 노약자 보호석이 비어 있다 하더라도 노약자가 아니라면 앉지 마라. 모두가 너를 죽일 듯이 바라볼 것이다. 노약자보호석에 앉아 있다면 노인이 화를 낼 수도 있고 혹은 너를 꾸짖을 수도 있다. 마치 노인이 그 자리를 소유하고 있는 것처럼 말이야. 그 이유는 한국에는 노인에 대해 어떤 존경심을 가지고 있다. 만약 당신보다 나이가 많다면 그 사람을 존경해야 한다. 만약 언짢은 경험을 하고 싶지 않다면 그 자리에 앉지 않는 것이 좋다.

중국 출신의 유학생은 한국 사회에서 인사 에티켓 관련 다양한 관찰을 하고 그 에티켓이 중국과 어떻게 다른지 다음과 같이 말한다:

> 한국에서 에티켓은 특히 눈에 띈다. 노인, 교수 혹은 나보다 지위가 높은 사람을 어느 장소에서 만나더라도 90도 허리 인사를 하면서

> "안녕하십니까?"라고 말할 필요가 있다. 그러나 중국에서는 미소를 머금고 '헬로'라고 말하면 된다. 중국사람들은 사랑하는 사람에게 아무 말이든 할 수 있다. 신입생들은 선배들에게 인사하며 '안녕하십니까'라고 말한다. 중국에서는 학교 출입문에 신입생을 만다면 개학 첫날 그 학생들의 짐을 덜어주고 도와준다.

> 내가 한국에서 걸어가고 있을 때 낯선 사람이 나에게 '헬로'라고 말했을 때를 기억한다. 나는 그 사람이 누군지 전혀 몰랐기 때문에 정말 놀랐다. 중국에서는 다른 사람에게 '헬로'라고 말하지 않고 그냥 지나친다.

긍정적인 인사는 소속감을 강화하고 공동체 의식을 형성한다. 그런 맥락에서 중국 출신의 또 다른 유학생은 따뜻한 인사가 주는 영향과 온종일 어떻게 스트레스를 낮추는 데 도움을 주는지 다음과 같이 말한다.

> 우선 한국 사람의 친절함이 편안함을 느끼게 하는 정도는 예측하기 어렵다. 매일 아침 수위는 우리에게 '헬로'라고 말한다. 모든 식당에서 손님에게 '안녕하세요'라고 말하고 '안녕히 가세요'라고 말한다. 심지어는 세븐일레븐(7-eleven)에서도 사람들은 서로 인사한다. 나는 인

사하는 것은 아주 좋은 현상이라고 생각한다. 인사는 나를 종일 따뜻하고 푸근하게 느끼게 해주며 온종일 필요한 에너지를 제공해 준다. 그러나 중국에서는 가끔 내가 잘 모르는 친구가 다가오면 서로를 보기는 하지만 상대방은 고개를 떨구고 전화를 만지는 척한다. 우리 사이에 아무런 일도 생기지 않으며 심지어 단순히 '하이'라고 하지도 않는다. 서로를 알고 지내는 사람들이기는 하지만 같은 반 친구, 동료 등과 같이 특별히 가깝지 않은 사이에서도 비슷한 상황이 종종 발생한다. 이와 대조적으로 한국 사람들은 미소를 머금고 서로 인사한다. 그 사람들을 모르지만, 그들이 보여주는 미소를 띤 얼굴과 진지한 말로 인해 나는 벌써 기분이 좋아진다.

중국 출신의 또 다른 유학생은 한국 사람들이 가진 열정에 큰 감명을 받았다고 다음과 같이 말했다:

일상에서 한국 사람들의 열정 덕택에 나는 많은 혜택을 받고 있다. 즐겁게 도와주겠다고 하거나 혹은 내 문제를 풀어 주겠다고 한다. 만약 그들이 없으면 이 외국 땅에서 내 생활은 상당히 도전적이고 속수무책이었을 것이다. 그래서 나는 중국 사람들도 더 열정적이어야 한다고 생각한다. 중국은 전 세계에서 두 번째로 많은 인구와 높은 인구 밀도를 가지고 있는데 내가 처음 만나는 사람을 다시 만나지 못할 수도 있다. 낯선 사람에 대해 정중함과 존경심을 보여줄 필요가 있다. 그것은 그런 특정한 행동이 우리 삶을 더 좋게 만들기 때문이다.

[두 번째로] 인사 문화에 대해 말하고 싶다. 한국 사람과 중국 사람을 비교해 보면 한국 사람이 다른 사람에게 인사할 때 배려심이 깊다. 중국에서는 내가 모르는 사람이라면 그들에게 인사하지 않는다.

한국의 인사 문화와 관련해서는 해야 할 것과 하지 말아야 할 것이 상당히 많다. 예를 들면 한국의 공식적인 인사에는 껴안거나 뺨을 맞대는 경우가 없다.

터키 출신의 학 여학생은 인사와 관련해서 다음과 같이 말한다:

내가 이상하다고 여긴 또 다른 측면은 한국에서 인사하는 방식이다. 대구에 처음 왔을 때 한국 버디가 버스 터미널에서 나를 픽업하러 나왔는데, 우리가 처음 만났을 때 터키의 친구들에게 늘 하는 것처럼 버디를 껴안고 뺨을 맞대며 인사하려고 했다. 버디가 이를 허락하지 않아서 우리는 서로 악수만 하였다. 한국에서 인사하는 방식을 몰랐기 때문에 내가 인사하려고 하는 방식에 대해 무척이나 당황

> 하였다. 다행히도 그다음 날 우리는 서로 그 일에 관해 이야기하였는데 버디가 한국에서 인사하는 방식에 대해 말해 주었다. '한국에서는 사람들이 서로를 많이 만지려고 하지 않는다'라고 버디가 말해 주었다. 묵례를 한국에서는 다른 사람을 만났을 때 하거나 혹은 악수를 하는 것으로 충분하다.

프랑스 출신이 학생은 다음과 같이 말하며 인사 관련 태도에 관해 사회적 문화적 차이를 완벽하게 설명해주고 있다:

> 한국에 온 이후, 내가 많이 놀란 것은 사람이 인사하는 방식과 존경에 대한 다양한 표시였다. 프랑스에서는 외국인에게 인사하고 싶으면 그냥 단순히 '좋은 아침' 혹은 '안녕'이라고 말하는 것이 보통이다. 한국에서는 그 사람에게 존경심을 표시하기 위해 고개를 숙인다. 나는 그것이 이상하다고 느껴졌는데 그 이유는(마치 왕 앞에서 신하가 하는 것처럼) 어떤 사람이 자기보다 지위가 높은 사람 앞에 서 있는 이미지처럼 보이기 때문이다.

그 프랑스 출신 학생이 관찰한 또 다른 것은 한국 사람이 친구에게 인사하는 방법과 또 그 방법이 어떻게 프랑스와 차이가 있는지와 관련되어 있다:

> 게다가, 한국 사람들은 심지어는 친구와도 신체 접촉을 하지 않는다고 생각했다. 프랑스에서는 상대방과 친하거나 혹은 가족의 일원일 때 서로 악수하면서 '안녕' 혹은 '잘 가'라고 말하며 서로 가볍게 키스한다.

그 학생은 한국에서 나이 든 사람이 젊은 사람에게 어떤 것을 하라고 강요하는 것을 보고 당황하였다고 다음과 같이 말한다:

> 또 나이 든 사람에게 존경을 표현하는 방법이 많지 않다. 정말로 말과 태도에 배려가 되어 있다. 그러나 프랑스에서는 절대 볼 수 없는 것도 있는데, 예를 들면 나이 든 사람이 술을 따라 주었기 때문에 억지로 마셔야 한다는 것이다.

최근 한국의 대학 캠퍼스에 유학생들이 눈에 띌 정도로 증가하였다. 그러나 한국 문화에 참여하고 이해하는 데 한국어가 오랜 기간 장벽으로 남아 있었다. 그러나 K-pop을 통해 글로벌 팬들이 언어적인 장벽을 극복할 수 있는 수단을 가질 수 있었고 이를 통해 한국 문화의 다양한 측면에 대해 일종의 통찰할 기회가 주어졌다. 이 측면을 중국 출신의 유학생은 다음과 같이 지적하고 있다:

> 내가 한국에 체류하기 시작한 지 지금 거의 한 달이 되었다. 내가 모든 것을 처리할 수 있다고 생각하는데 그 이유는 K-pop을 통해 중학교 이후부터 한국과의 접촉이 이루어졌기 때문이다. 그래서 초록색 이름표를 단 학생들이 나에게 고개를 숙이며 인사하면서 '안녕하십니까?'라고 말할 때 전혀 이상하지 않았다. 이런 면이 한국 문화의 중요한 한 부분이라고 생각한다. 바로 위계질서인 것이다.

한국 사람의 외국인에 대한 태도는 그 외국인이 어느 나라 출신이냐에 따라 종종 달라진다. 한국 사람들은 선진국에서 온 외국인들에게 더 친절하지만, 개발도상국 혹은 후진국에서 온 외국인들에게는 다소 덜 친절하다는 이야기도 있다. 한국 전역에 걸쳐 일터에서와는 달리 대학 캠퍼스에서는 덜 두드러지기는 하지만 여전히 한국 사람들이 외국인을 대하는 태도에 대해 외국 유학생들이 인식하지는 정도에 영향을 미친다. 예를 들면, 프랑스 출신의 한 학생은 한국 사람들의 긍정적인 관점에 대해 명확하게 다음과 같이 말한다:

> 그러나 다른 한편으로는 한국 사람들이 내성적이긴 해도, 진짜 개방적이고 많은 부분을 외국인과 공유한다. 한국 사람들은 다른 나라의 상이한 문화에 정말 관심이 많다.

또 다른 한편으로는 사적인 질문과 관련된 문화적으로 짜증나는 것을 경험하면서 다음과 같이 말한다:

> 왜 한국 사람들은 개인적인 면과 관련된 많은 질문을 하는 걸까? 낯선 사람에게 미소를 띠며 '하이'라고 말하는 것은 자연스럽다. 그러나 어떤 한국 사람들은 '네가 그들을 좋아한다'라고 오해하기도 한다. 그 사람들을 만날 때마다 '하이~' 하면 내가 그 사람들을 좋아한다고 생각한다. 그러면 너를 더 잘 알기 위해 질문을 하기 시작한다. 많은 한국 사람들이 상대방을 알면 정말 생각이 깊고, 배려하는데 그 사람의 사적인 질문을 하면서 더 친밀해지기를 원한다. 예를 들면, '몇 살이니?', '종교는 있니?' 혹은 '남자 친구 혹은 여자 친구는 있니?' 등과 같은 질문을 한다. 당황할 필요가 없어! 한국 사람들은 이런 질문을 통해 너와 더 가까워지려고 하고 친구가 되려고 하는 것이야.

프랑스 출신의 한 학생은 한국 사람들의 외국인에 대한 친절을 다음과 같이 칭찬하였다:

> 둘째, 한국 사람들은 매력적이다. 내가 길을 물을 때마다 나의 목적지로 안내해 준다. 모두가 매우 친절하다. 놀라운 일이다. 프랑스에

이와 같은 친절함이 존재하지 않는다는 것은 애석한 일이라고 생각한다.

또 다른 프랑스 학생 역시 비슷한 경험을 공유한다:

한국에 처음 도착했을 때 프랑스인으로서 내가 놀란 첫 번째는 한국 사람들이 외국인을 환영하면서 자기 나라에서 어려움을 겪고 있는 그 이방인을 도와주려고 한다는 것이다. 프랑스에서 외국 사람이 프랑스 사람, 특히 파리에 사는 사람으로부터 도움을 받는 것은 복잡한 일이다.

헝가리에서 온 유학생도 한국 사람들이 보여주는 같은 수준의 친절함에 대해 다음과 같이 간결하게 말하고 있다:

내가 처음으로 겪은 것은 한국 사람은 친절하고 도움을 주려고 한다는 것이다.

그러나 또 다른 프랑스 출신의 학생은 노인에게 보여주는 존경심이 지나치다고 말하고 있다:

물론, 노인에게 존경심을 보여야 한다는 것에 동의하지만 한국 사람은 이것을 좀 과하게 한다고 생각한다. 존경심이라는 문제와 관련된 너무나 많은 규칙이 있는데 혼란스럽다. 한국 친구와 먹거나 혹은 술을 마시거나 할 때 어떻게 해야 할지 전혀 모르겠다: 누구도 기분을 상하게 해서는 안 된다는 압박을 받는다. 가장 혼란스러운 것은 전철에서 나이 든 사람들이 때때로 기차가 도착하자마자 곧바로 줄 앞으로 달려간다는 것이다. 프랑스에서 이것은 무례한 행동이라고 간주한다. 기차에서 앉아야 할지 또는 앉지 말아야 할지 알 수가 없다. 왜냐하면 노인이 다가와서 마치 자리를 내 주어야 할 것처럼 나를 째려다 보는 것이 무섭기 때문이다. 그래서 지하철이 복잡하면 그냥 서 있는 것을 선호한다.

폴란드 출신의 학생 역시 한국에서 나이 든 사람과 젊은 사람 사이의 관계에 대해 다음과 같이 말한다:

한국에서 보낸 일 년의 생활 기간 나이 든 세대에 대해 슬픈 생각이 들 때도 있었다. 내 경험에 비추어 보았을 때 노인의 대부분이 젊은 이들로부터 너무 많이 존경받기를 기대한다. 노인들이 무례할 때를 포함해서 어디에서든지 혹은 어떤 상황에서든지 젊은 사람은 노인에게 존경심을 보여야 한다. 쇼핑 센터나 공공장소를 걸어 다닐 때 많은 노인이 젊은 사람들을 쳐다보는 것을 목격했다. 어떤 경우는 우습기도 하고 약간 가슴이 아프기도 하다. 그런 역사에 대해 알고 나서 노인들을 이해하려고 노력한다. 어려운 시기에 혼신을 다해 번창한 미래를 기다리며 살았기 때문에 그 시간이 도래했을 때 인생이 끝난 것을 안다는 것이 매우 힘든 일이다. 그래서 노인들이 젊은이들이 행복하게 지나다니는 것을 보면서 인생을 즐긴다고 생각한다.

러시아 출신의 유학생은 한국 사회에서 계급과 연령에 토대를 둔 위계질서 구조의 중요성을 다음과 같이 파악하였다:

둘째, 한국 사람들이 무엇보다도 나이와 사회적 신분을 물었을 때 다소 놀랐다. 한국 사람들에게 있어서 연령과 신분은 생활에서 중요한 역할을 한다는 것을 알았다. 단지 몇 달만 나이가 많아도 어린 사람이 존경을 표시할 것이다. 러시아에서는 교제 중에 나이와 신분에 관해 묻지 않는데 그 이유는 무례하다고 간주하기 때문이다.

우즈베키스탄 출신의 유학생은 전반적인 한국 사람과 특히 젊은 사람들의 친절함에 대해 칭찬하면서 다음과 같이 말한다:

마지막으로 말하고 싶은 것은 한국 사람은 친절하다는 것이며 젊은 사람에게 도움을 청한다면 매우 친절하게 도와줄 것이다. 한국 사람들은 일종의 책임감을 느끼고 있는 것처럼 느껴지는데 나는 이 부분이 정말 고맙다.

그러나 프랑스 출신의 학생은 나이 든 사람들에게 보내지는 맹목적인 존경심이 다소 혼란스럽다며 다음과 같이 말했다:

한국에서 겪은 가장 이상한 측면은 나이 든 세대와 젊은 세대가 보여주는 존경심이다.

한국에서 식사는 사회적 공동체적인 행동이라고 간주하기 때문에 혼자서 식사하는 것을 장려하지 않는다. 따라서 한국 사람이 혼자 식사하고 있는 것을 보는 것은 흔한 일이 아니다. 다수의 유학생이 이런 면을 관찰하였는데, 베트남 출신의 학생이 경험한 예를 들어보면 다음과 같다:

또 다른 문화적인 차이는 한국에서 사람들이 혼자 식사하는 것을 좋아하지 않는다는 것이다. 친구가 바쁘다면 한국 사람은 종종 식사를 건너뛰기도 하지만 베트남에서는 혼자 왔는지 혹은 친구들과 왔는지 상관이 없으며 여럿이 함께 왔다면 더 행복한 것처럼 보일 수는 있다.

이 측면과 관련하여 일본 출신의 학생은 다음과 같이 말한다:

일본 사람은 혼자 밥을 먹지만 한국 사람은 혼자 밥을 먹지는 않는다. 내가 혼자 밥을 먹었을 때 친구들이 조심한다. 이것이 문화 충격이다.

참고문헌

참고문헌

Adler, P. S. (1975). The transitional experience: An alternative view of culture shock. *Journal of Humanistic Psychology*, 15(4), 13-23.

Altbach, P. G. (2004). Globalization and the university: Myths and realities in an unequal world. *Tertiary Education and Management*, 10(1), 3–25.

Altbach, P. G. (2015). Knowledge and education as international commodities. *International Higher Education* (28).

Appadurai, A. (1996). *Modernity at large: Cultural dimensions of globalization*. University of Minnesota Press.

Barber, B. R. (1996). *Jihad vs. McWorld*. Ballantine Books.

Berger, P. & Huntington, S. (Eds.). (2002). *Many globalizations: Cultural diversity in the contemporary world*. Oxford University Press

Bevis, T. B., & Lucas, C. J. (2007). *International students in American colleges and universities: A history*. Palgrave Macmillan.

Brockner, J.T., et al. (2001). Culture and procedure justice: The influence of power distance reactions to voice. Journal of Experimental Social

Psychology, 37(4), pp. 300-315.

Boyd, R., & Richerson, P. J. (1991). *Culture and cooperation, cooperation and prosocial behavior*. Cambridge University Press.

Chang, H. C. (2008). Language and words: Communication in the Analects of Confucius. In M. K. Asante, Y. Miike, & J. Yin (Eds.). *The global intercultural communication reader*. (Chapter 7, 95-112). Routledge.

Chen, J.X. & Zhu, J.W. (2020). *Cross-cultural adaptation experiences of international scholars in Shanghai: From the perspective of organizational culture*. Jiao Tong University Press.

David, H.P. (1969). International involuntary migration; Adaptation of refugees. *International Journal of Migration*, 7(3-4), 67-105.

Erdem, C., & Park, C.H., & Seo, J.S. (2021). *Cross-cultural encounters of culture shock: International students' experiences in South Korea*. Daegu, Korea: Keimyung University Press.

Frochot, I. (2002). An analysis of regional positioning and its associated food images in French tourism regional brochures. *Journal of Travel & Tourism Marketing*, 14(3-4), 77-96

Gambrel, P. A., & Cianci, R. (2003). Maslow's hierarchy of needs: Does it apply in a collectivist culture. *Journal of Applied Management and Entrepreneurship*, 8(2),143-161.

Ha, Y. S., Lee, J. H., & Shin, G. H. (2015). A study of international education as a service industry and attracting international students. *The Journal of Economics and Finance Education*, 24(3), 89-112. (Korean)

Hall, E. T. (1976). *Beyond culture*. Anchor Books.

Hall, T., & Hall, M. R. (1990) *Understanding cultural differences*. Intercultural Press.

Hannerz, U. (1996). *Transnational connections: Cultures, people, places.* Routledge.

Held, D., McGrew, A., & Goldblatt, D. (Eds.). (1999). *Global transformations: Politics, economics, and culture.* Stanford University Press.

Hofstede, G. (1980). *Culture's consequences.* Sage.

Hofstede, G. (1984). *Culture's consequences: International differences in work-related values.* Sage.

Hofstede, G. (2001). *Culture's consequences: Company values, behaviors, institutions, and organizations across nations.* Sage.

Hofstede, G. & Bond, M. (1984). Hofstede's culture dimensions: an independent validation using Rokeach's value survey. *Journal of Cross-Culture Psychology,* 15, 417-433.

Hofstede, G., Hofstede, G. J., & Minkov, M. (2010). *Cultures and organizations; Software of the mind.* (3rd edition). McGraw-Hill.

Huntington, S. P. (1997). *The clash of civilizations: Remaking of world order.* Touchstone.

Hurn, B. J., & Tomalin, B. (2013). *Cross-cultural communication: Theory and practice.* Palgrave Macmillan.

Kim, Y. Y. (2001). *Becoming intercultural: An integrative theory of communication and cross-cultural adaptation.* Sage.

Kroeber, A.L., & Kluckhohn, C. (1952). Culture: A critical review of concepts and definitions. Harvard University Cambridge.

Lee, C. Y. (2012). Korean culture and its influence on business practice in South Korea. Journal of International Management Studies. 7(Oct. 2): 184-191.

Lee, Y. J. (2010). The effects of Korea food globalization on foreigners' perception of wellbeing value and experience with Korean food. Journal of Korean Society of Food Culture, 25(5), 487-498.

Li, J., Lam, K. & Fu, P.P. (2000). Family-oriented collectivism and its effects on firm performance: a comparison between overseas Chinese and foreign firms in China. International Journal of Organizational Analysis. 8(4): 364-379.

Madden, T. J., Hewett, K., & Roth, M. S. (2000). Managing images in different cultures: a cross-national study of color meanings and preferences. Journal of International Marketing, 8(4), 90-107.

Neuliep, J. W. (2000). Intercultural communication: A contextual approach. Houghton Mifflin.

Oberg, K. (1954). Culture shock. Bobbs-Merrill.

Oberg, K. (1960). Culture shock adjustment to new cultural environments. Practical Anthropology, 7, 177-182.

Oh, S. Y., & Lee, H. (2004). A thought on Korea food culture and collectivity. Journal of the Korean Society of Food Culture, 19(15), 556-565.

Park, M.S., & Kim, M.S. (1992). Communication practice in Korea. Communication Quarterly, 40(4), 398-404.

Peterson, B. (2004). Cultural intelligence: A guide to working with people from other cultures. Intercultural Press.

Raj, T. (2012). Cultural recognition in this era of globalization. The Indian Journal of Political Sciences, 73(4), 569-586.

Robertson, R. (1995). Glocalization: Time-space and homogeneity-heterogeneity. In M. Featherstone, S. Lash & R. Robertson (Eds.), Global modernities (pp. 25-44). Sage.

Samovar, L.A. & Porter, R.E. (2003). Intercultural communication: A reader.

(10th ed.) Wadsworth.

Seo, S., & Yun, N. (2015). Multi-dimensional scale of measure destination food image: Case of Korean food. British Food Journal. 117(12), 2914-2929.

Skrbic, K. (2019, November 19). Hallyu: How South Korea is using fashion to influence Western society. https://www.notjustalabel.com/editorial/hallyu-how-south-korea-using-fashion-influence-western-society

Smith, A.D. (1986). The ethnic origins of nations. Oxford: Blackwell.

The Well Essentials (2019, December 19). What is food culture and how does it impact health? The Well Essentials. https://www.thewellessentials.com/blog/what-is-food-culture-and-what-does-it-have-to-do-with-our-health

Tomlinson, J. (1999). Globalization and Culture. University of Chicago Press.

Trompenaars, F. (2000). Riding the waves of culture. (2nd ed.). Nicholas Brealey Publishing.

Wine, K. (1993). A theory of cognition and negative affect: Extending Gudykunst and Hammer's theory of uncertainty and anxiety reduction. International Journal of Intercultural Relations, 17, 197-215.

Yi, J.S., & Park, S.N. (2003). Cross-cultural differences in decision-making styles: a study of college students in five countries. Social Behavior and Personality, 31(1), 35-48.

Zapf, M. K. (1991). Cross-cultural transitions and wellness: Dealing with culture shock. International Journal for the Advancement of Counselling, 14, 105-119.

옮긴이 소개

옮긴이 소개

■ 서정수

서정수 교수는 2007년 하반기부터 대구 계명대학교 경제통상학부 국제통상학전공에 재직하고 있다. 서울대학교 국제경제학과를 졸업한 후, 호주 뉴사우스웨일스 대학교 경제학부에서 석사와 박사학위 취득 후 2007년 상반기까지 호주 캔버라의 국방대학(Australian Defence Force Academy) 비즈니스 학부(School of Business)에서 교수로 재직하였다. 현재 계명대학교 Keimyung Adams College 학장을 맡고 있다.

외국인 직접투자와 무역, 해운물류와 무역, FTA와 FTA의 활용이 한국의 산업경쟁력에 미치는 영향 등의 국제경제학과 국제지역학 관련 분야가 주된 연구 관심 분야로 해당 분야에 여러 편의 논문을 발표하였으며, 다수의 편서와 역서 발간 등의 연구 활동을 수행하였다. 2011년부터 2020년 2월까지 계명대학교에서 국제협력단장, KAC 학장 등을 역임하였고, 2014년부터 실크로드에 관심을 가지고 계명대학교 실크로드 중앙아시아연구원에 몸을 담았으며, 2015~2019년 부원장과 원장직무를 수행하였다.